LE COLOSSE
AUX
PIEDS D'ARGILLE.

Par M. DEVILLERS, de l'Académie de Ville-Franche, Rouen & Marseille, &c.

Lapis autem qui percusserat Statuam, factus est mons magnus, & implevit universam terram.
DANIEL, Cap. 2, vers. 35.

M. DCC. LXXXIV.

A MESSIEURS DE L'ACADÉMIE DE VILLE-FRANCHE EN BEAUJOLOIS.

MESSIEURS,

Des pigmées toiſer des géants, les provoquer au combat, leur livrer bataille, prétendre même obtenir la victoire, eſt un ſpectacle qui ſe renouvelle ſouvent dans l'empire des ſciences. Les muſes ſourient aux vains efforts de ces athletes impuiſſans.

Vous contemplez, Meſſieurs, d'un œil philoſophique les prétentions de la foibleſſe militant contre la force, & celles de l'erreur aſpirant à détrôner la vérité. Sans ceſſe occupés à la recherche du vrai, vous rejetez loin de votre eſprit tout ſyſtême déſavoué par la nature. L'accueil flatteur que vous fîtes au diſcours contre le magnétiſme animal, que j'eus l'honneur de lire à votre séance publique, le jour de St. Louis, manifesta vos sentimens. Ils se sont trouvés conformes avec ceux du célébre rapport de MM. les Commissaires nommés par le Roi : ouvrage que vous ne pouviez pas connoître alors; que la prévention n'a pas su lire ; & que l'orgueil & l'intérêt ont voulu mal lire.

Celui que j'ai l'honneur de vous dédier est un développement plus étendu des principes physiques que vous avez approuvés. Daignez le considérer, Messieurs, je vous prie, non seulement comme un hommage rendu à la vérité, mais encore comme un tribut de ma reconnoissance & du respect avec lequel je suis,

MESSIEURS,

Votre tres-humble & très-obéissant serviteur,
DEVILLERS.

LE COLOSSE

AUX PIEDS D'ARGILLE.

TOUT eſt emblématique dans le coloſſe meſmérien ; ſa tête altière atteint l'aſtre, ſimbole du roi des métaux ; le ſouffle qui l'anime eſt une émanation mixte, compoſée de pluſieurs influences ; ſon cœur qui porte les attributs lunaires, repoſe ſur un diaphragme d'airain ; ſes bras, d'une longueur démeſurée, ſont dans une agitation continuelle ; ſes doigts ont une ſenſibilité exquiſe : ſes jambes formées du plus dur des métaux, appuyées ſur l'un & l'autre pôle, ſembloient ſoumettre la terre à ſa puiſſance ; mais ſes pieds d'argille n'ont pu ſoutenir le choc des criſtaux-gemmes détachés du temple de la Vérité. Le coloſſe chancelant a jetté un cri horrible : on a cherché en vain à l'étayer, il eſt tombé. Sa chûte épouvantable a produit des réflexions, des analyſes, des obſervations, des doutes affirmatifs; enfin que ne produira-t-elle pas ?

Les grands hommes qui en s'élevant au

deſſus de l'horiſon des connoiſſances humaines, ont oſé embraſſer la nature dans ſon univerſalité, & réduire en ſyſtême ſa marche & l'ordonnance de ſes opérations, ont eſſayé de lier toutes les parties du tout qu'ils nous préſentoient, d'accorder leurs vues avec les loix connues, & de ramener les phénomènes à un principe général. Tous les faits particuliers étoient préſens à leur imagination, lorſqu'ils ont voulu leur aſſigner une cauſe commune; mais imaginer un ſyſtême qui enchaîne l'univers, aller chercher dans les cieux une influence ſecrète, la faire deſcendre juſqu'à nous par l'intermede d'un fluide univerſel & inviſible, les préſenter l'un & l'autre comme un ſpécifique pour chaſſer les maux qui nous affligent, étayer toutes ces aſſertions par des faits particuliers, par des procédés équivoques, par des expériences où le phyſique détermine le moral, eſt un ſpectacle qui n'avoit jamais été préſenté dans un ſiècle éclairé.

Le magnétiſme animal,

> Qui, couſu de petits myſtères,
> Ne nous parle qu'incognito,

a été confié aux adeptes dans des cahiers accompagnés d'hieroglyphes myſtérieux qui en dérobent l'intelligence aux yeux prophanes. Cependant M. de Juſſieu lui-même leur a donné une leçon importante à la fin de ſon rapport; mais les ſages réflexions de ce ſavant ne ſont pas tombées ſur un ſol fertile. Si des perſonnnes dont on connoît les talens, n'ont pas été effrayées de l'apparition de ce colosse; si elles ont cru son existence réelle ; si elles en ont sincérement desiré la durée, on peut penser que les dons qui font parcourir avec succès la brillante carrière de la littérature, sont insuffisans pour apprécier une hypothèse physique, dont l'influence, presque magique, offrant un vaste champ à l'imagination, semble l'intéresser à sa défense. Des somnambules, des cataleptiques, des convulsionnaires, le pouvoir magnétique soumis à la volonté, des baquets fermés, des cordes qui enlacent les malades, des fers qui s'élevent de ces baquets, la marquise à côté de la bourgeoise, des sons harmonieux, le ton imposant des adeptes, les baguettes dont leurs mains sont armées, forment un tableau capable de séduire la moitié intéressante du genre humain, & ceux qui ont malheureusement reçu de la nature un systême nerveux très-irritable & très-facile à ébranler ; mais si ces scenes ont été pour la plupart présentées anciennement au public ; si elles ont été alors indépendantes de toute influence & de tout fluide, n'aurions-nous pas le droit aujourd'hui de rejetter ces deux agens gratuits, & de rapporter ces faits, en apparence si extraordinaires, au pouvoir de l'attouchement, à l'action de l'imagination, & à l'effet de la loi de l'imitation.

Ecartons le reproche odieux de subornation, de salaire & d'intelligence mutuelle. J'ai vu, ainſi que MM. les commiſſaires, des criſes réelles ; j'en ai procuré moi-même : je ſuis convaincu de pluſieurs des effets ; il ne ſera queſtion que de leur cauſe. Nier tout, & croire tout, ſont des extrêmes également dangereux. Il faut parler à l'homme raiſonnable le langage de la raiſon ; & l'erreur qui ſéduit, ne doit pas être évaluée comme l'erreur volontaire. Le coloſſe eſt abattu dans la capitale : on échaffaude de tous côtés pour réunir ſes membres épars : les étais ſont-ils ſolides ? queſtion importante dont l'examen eſt le ſujet de cet ouvrage.

Réflexions impartiales.

L'Auteur des Réflexions impartiales oublie le titre de ſon ouvrage, en parlant de MM. les commiſſaires. « Un examen impartial doit » être fait par un juge impartial, c'eſt-à-dire, » par un juge qui pèſe, ſans exception des » choſes ou des perſonnes, les raiſons pour » & contre : il eſt aſſez difficile d'être vrai- » ment impartial. Cette foule de cauſes, » tant phyſiques que morales, tant innées » qu'acquiſes, tant libres que néceſſaires, » qui influent ſur nos jugemens, doivent faire » craindre que l'homme qui ſe croit impar- » tial, le ſoit en effet beaucoup. » *Encyclop. mot* IMPARTIAL.

Il l'oublie encore, *page* 49, « en accuſant » MM. les commiſſaires d'amoindrir d'un » côté, en exagérant de l'autre, les objets » de comparaiſon, afin de rendre vraiſem- » blable que tous les grands effets qu'on

» voit opérer à volonté dans les traitemens ,
» n'ont besoin d'aucun agent magnétique. »
Quoi ! des commissaires chargés, par notre auguste monarque, d'un examen important, dépositaires de sa confiance ; des commissaires dont le rapport fixe à jamais le sort des magnétiseurs, qui prononcent que rien ne prouve l'existence du fluide magnétique animal, que tout traitement où les moyens du magnétisme seront employés, ne peut avoir, à la longue, que des effets funestes ; des commissaires, tels que ceux qui ont signé le rapport, auront lâchement trahi leur ministère, & vous ne nous donnez pas, Monsieur, des preuves sans replique d'une accusation aussi grave ? car enfin, si elle n'étoit pas fondée, les chefs magnétisans & leurs élèves seroient ***, je n'achève pas. Pardonnons à l'écrivain déguisé sous le nom de l'abbé P., ses phrases indécentes ; excusons l'auteur de la requête d'avoir déclamé contre les commissaires ; laissons dans l'oubli la très-singulière lettre adressée à M. Franklin sous le nom de M. Mesmer : de grands intérêts personnels produisent de grandes injustices. Mais excusera-t-on l'auteur des doutes, & vous, Monsieur, qui croyez servir votre pays & l'humanité entière, qui prétendez écrire sans chaleur, sans enthousiasme, sans prévention, qui rendez justice à tous les sectateurs du magnétisme en général, & qui êtes injustes envers les détracteurs de ce

systême, en nous annonçant des réflexions impartiales.

Vous vous permettez quelques plaisanteries, *page* 24. « Le fluide magnétique n'existe » pas; & les moyens employés pour le » mettre en jeu, sont dangereux: vous ne » comprenez pas, ni en morale ni en phy- » sique, comment ce qui est sans existence » peut être dangereux. » Il y a ici un défaut de logique; rien ne prouve, selon les commissaires, l'existence du fluide magnétique; ce fluide sans existence, est par conséquent sans utilité: mais les attouchemens, l'action répétée de l'imagination pour produire des crises, peuvent être nuisibles, & le spectacle de ces crises est également dangereux. Ce n'est pas le fluide qui est le principe à craindre, ce sont les moyens employés pour le développer, soit disant, que MM. les commissaires ont eus en vue. Quoiqu'on ne le mette point en jeu, l'action des magnétiseurs n'est pas aussi innocente qu'on le prétend: les nerfs sont les messagers de nos sensations: tout frottement excité sur des parties très-nerveuses, peut occasionner des spasmes, des convulsions, des crises extraordinaires, sur-tout chez les femmes. Pour magnétiser, l'être qui jouit de ce pouvoir merveilleux, exerce, avec ses pouces, un frottement sur la région épigastrique; ses doigts écartés embrassent & parcourent les hypocondres; les pieds & les genoux du magnétiseur sont en contact avec ceux de la personne magnétisée. Il est d'autres contacts plus actifs..... ma plume se refuse aux détails : tous ces attouchemens produisent de grands effets sans que le fluide universel s'en mêle.

La base de l'édifice mesmérien est une *imaginaire ;* les matériaux sont physiques, & sujets à de grands inconvéniens : MM. les commissaires ont donc eu raison de les proscrire. Opposerez-vous la lettre de feu M. Court de Gebelin? (*) L'autorité de ce savant respectable n'est pas d'un poids égal dans les

(*) Puisque tous les êtres, dit M. de Gebelin, sont liés entr'eux, puisque les corps célestes influent sur les terrestres par des loix constantes, il n'est plus étonnant que les Orientaux aient élevé, sur ces loix, l'astrologie judiciaire à laquelle ils ont été sans cesse attachés, & que nous n'avons abjurée en Europe que depuis moins de deux siècles, plutôt par mépris, par lassitude, à cause des abus qui en étoient la suite, que par la démonstration de son incertitude ou de son utilité ; puisqu'en se touchant les uns les autres, puisqu'en se regardant, ou en dirigeant la main, on fait éprouver de fortes sensations, il n'est plus étonnant que les anciens & les modernes aient été persuadés qu'un simple regard peut occasionner de la douleur, ou jetter un sort sur la personne qu'on envisageoit : c'étoit un abus du magnétisme animal dont la connoissance primitive étoit concentrée dans les Mages & les Hiérophantes, tout-à-la fois rois & prêtres. Il finit par ces paroles remarquables : « Il ne seroit peut-être pas difficile non plus » d'expliquer, par la même cause, des phénomènes ar- » rivés dans ce siècle, qu'on n'a pas osé nier, quoi- » qu'on n'y ait pas cru, & que le magnétisme animal » remettroit sous leur vrai point de vue. »

objets d'érudition & dans les ſciences. Cette fameuſe lettre, qui a donné tant d'éclat au ſyſtême de M. Meſmer, porte par-tout l'empreinte d'une imagination exaltée par un ſoulagement qui, malheureuſement, a été de très-peu de durée; la reconnoiſſance, dans les ames ſenſibles, refracte en quelque manière les objets, ou ne les voit plus à leur place.

Ce ſavant ſuppoſe que tous les objets ſont liés entr'eux, que les corps céleſtes influent ſur les terreſtres par des loix conſtantes, que la direction de la main fait éprouver de fortes ſenſations, & enfin que les phénomènes qu'on n'a pas oſé nier, les convulſions, ſans doute, pourroient être ramenées ſous leur vrai point de vue; aſſertions qui auroient beſoin de preuves; car il regarde comme vrai & comme démontré, ce qui eſt préciſément en queſtion. Quant à l'aſtrologie judiciaire, on peut lire le diſcours de M. Bailli ſur l'origine de l'aſtrologie, qui termine l'hiſtoire de l'aſtronomie ancienne, & celui du même ſavant ſur l'aſtrologie du tems de Ticho. *Aſtronomie moderne, tome premier, page* 425. Je parlerai bientôt des phénomènes que M. de Gebelin a eus en vue.

La lettre du pere Hervier n'eſt pas d'un plus grand poids: ce religieux peut être un prédicateur; mais il ne paroît pas fort verſé dans les connoiſſances phyſiques. (*)

(*) Si le docteur Meſmer eut vécu, dit le pere Hervier, à coté de Deſcartes & de Newton, il leur auroit épargné

Il eſt ici queſtion de l'éther, c'eſt-à-dire, d'un fluide qui ne tombe pas ſous les ſens, & qui eſt employé uniquement, dit M. d'Alembert, ou en faveur d'une hypothèſe, ou pour expliquer quelques phénomènes réels ou imaginaires. On eſt preſque forcé de convenir que les planètes ne ſe meuvent point en vertu de l'action d'un fluide; car il faudroit que ce fluide fût capable de pouſſer dans un ſens, & qu'il ne réſiſtât pas dans un autre.

M. Bailli, en rapportant le même paſſage que le pere Hervier, remarque que Newton a dit ailleurs, que l'impulſion agiſſoit en raiſon des ſurfaces. Si l'attraction naiſſoit des particules fluides diſſéminées dans les corps, elle ſeroit proportionnelle à leurs pores, aux vuides des corps & non à leur ſolidité: ſi la preſſion fait tendre la lune vers la terre, comment ce même fluide fait-il peſer la terre ſur la lune? comment fait-il peſer en même tems la terre ſur le ſoleil & le ſoleil ſur la lune? Il faudroit donc autant de fluides que de planètes & d'actions différentes; il faudroit que ces fluides fuſſent mêlés dans l'eſpace ſans ſe confondre, & agiſſent tous à la fois ſans ſe nuire: *Aſtronomie moderne, tome II, page* 448.

---

bien des peines. Ces deux grands hommes ont ſoupçonné l'exiſtence de ce fluide univerſel; mais ils n'en ont pas connu les loix; ils n'en ont pas déterminé les loix. A quel point ne feroient-ils pas parvenus avec un tel guide? *Lettre du Pere Hervier*, pag. 11 & 12.

Il n'eſt donc pas auſſi démontré que le croit M. Deſlon dans ſes obſervations ſur les rapports de MM. les commiſſaires, que les corps céleſtes & la terre ſoïent plongés dans un élément commun, dans un fluide univerſel. Les autorités que je viens de citer ne peuvent être ſuſpectes : M. d'Alembert écrivoit avant qu'il fût queſtion du magnétiſme animal ; & l'ouvrage de M. Bailli a été imprimé en 1779, époque à laquelle ce ſyſtême ſingulier n'avoit pas encore fait un grand nombre d'enthouſiaſtes. Je ne rappellerai point les fameuſes vingt-ſept propoſitions dont on a tant parlé ; je n'expoſerai point au grand jour les cahiers des adeptes ; il vaut mieux s'attacher au ſommaire qui vient d'être publié pour fixer nos idées ſur les prétentions de cette doctrine ; je dit les prétentions, les preuves étant reſtées dans le porte-feuille du ſon teinturier.

On donnera une idée générale de la ma-
» tière & du mouvement : on déterminera
» les loix du dernier, & on les appliquera
» à la matière d'où reſultera le développe-
» ment des formes ou la génération des
» corps, ſur-tout des corps céleſtes. On
» parlera de l'action qu'ils exercent tous les
» uns ſur les autres, ce qui conſtitue leur
» influence réciproque ou le magnétiſme
» général de la nature.

» On déterminera les cauſes & les effets
» des propriétés des corps, l'action du mou-

» vement ſur ces mêmes corps ; & on le » verra, ſelon la nature de ſon action, pro- » duire les phénomènes de la gravité, du feu, » de l'électricité, de l'aimant; après avoir » exposé le ſyſtême de l'influence univerſelle, » ou du flux & reflux général entre tous les » corps, l'on nous dira pourquoi cette » influence modifie tous les êtres.

» Nous ſaurons les principes qui conſtituent » l'homme, & comment il ſe forme : on » nous développera les cauſes de ſa naiſſance, » ce qu'il faut appeller en lui le principe de » la vie, & comment ce principe eſt ſubor- » donné à l'action des corps céleſtes, de la » terre & des corps particuliers. Cette ſubor- » dination, appellée magnétiſme animal, » une fois expliquée, nous connoîtrons » comment le principe de la vie ſe diſtribue » dans les organes de l'homme & l'analogie » qui en reſulte entre ſon corps & l'aimant; » enfin on nous fera voir que le corps humain » a des pôles, l'uſage de ces pôles, & com- » ment il eſt facile d'en étendre l'uſage. »

Ces magnifiques promeſſes font naître, Monſieur, des réflexions de pluſieurs eſpèces. L'auteur de ces ſommaires eſpère-t-il déter- miner les cauſes des propriétés des corps ? croit-il réellement nous expliquer pourquoi ſon influence univerſelle modifie tous les êtres ? « On ne répond pas, dit l'illuſtre » M. le comte de Buffon, aux queſtions qui » tiennent aux premières cauſes, ou on

» répond par la question même, la matière » a telle propriété parce qu'elle a telle pro- » priété. On ne doit pas même être étonné » que nous ne puissions faire autrement, si » nous y faisons attention : car nous sentirons » que, pour donner la raison d'une chose, » il faut avoir un sujet différent de la chose. » or, toutes les fois qu'on nous demandera » la raison d'une cause générale, c'est-à- » dire d'une qualité qui appartient généra- » lement à tout; dès-lors nous n'avons » point de sujet à qui elle n'appartienne » point, par conséquent rien qui puisse nous » fournir une raison; dès-lors il est démon- » tré qu'il est inutile de la chercher, parce » qu'on iroit contre la supposition qui est, » que la qualité est générale & qu'elle appar- » tient à tout. »

Si les corps ont une influence les uns sur les autres, cette action seroit générale : on cherche donc en vain pourquoi cette influence modifie tous les êtres. D'ailleurs, ce flux & reflux général entre tous les corps, ne peut avoir lieu sans un fluide universel déterminé en courant primitif, duquel dériveroient d'autres courans particuliers. Qu'est-ce qu'un courant d'un fluide dont on ne peut démontrer l'existence par aucun fait physique, & qui néanmoins est, selon M. Mesmer, universellement répandu & continué de manière à ne souffrir aucun vide ? Toutes les planètes tournent autour du soleil ou autour de leur planète principale par l'effet de deux forces imprimées à ces corps dans une direction opposée qui, par conséquent, ne peut être l'effet d'un seul fluide, de quelque manière qu'on le rassemble & quelque forme qu'on lui donne. Vous pouvez consulter, Monsieur, les mots *tourbillon*, *planètes*, *flux & reflux de la mer*, dans l'Encyclopédie : d'ailleurs le mouvement ne peut avoir lieu sans vide, ou milieu non résistant. Enfin quelles que soient la forme & la petitesse des particules de ce prétendu fluide universel, elles ne se toucheroient pas par tous leurs points : on seroit forcé d'admettre un fluide plus subtil qui rempliroit les intervalles laissés par les parties du premier. En marchant ainsi de suppositions en suppositions, il faudroit changer de principe à chaque instant ; ce qui annonce, dit M. Bailli, une ignorance déguisée, & fait voir que l'homme supplée, par l'imagination, à la connoissance de la nature.

Le fluide universel, l'intermède des influences, est matériel ou il est chimérique : MM. les commissaires ont donc eu le droit de demander des preuves physiques de son existence. Le fluide de la lumière & ses modifications, le fluide électrique & le fluide ignée, sont soumis à notre expérience. M. Deslon prétend, dans sa réponse au rapport, « que le fluide universel s'insinuant » dans toutes les parties des corps, les mo-

» difie de toute manière, en leur commu-
» niquant les différentes impreſſions du mou-
» vement, & qu'aujourd'hui les chymiſtes
» n'expriment pas autre choſe ſous le nom
» de phlogiſtique. » Il ajoute que l'eau & l'air ne ſont que des modifications du fluide univerſel. Cette phyſique eſt, pour le moins, auſſi ſingulière que celle de ſon maître : j'ignore les ſources où il l'a puiſée, & les expériences qui lui ſervent de preuves. Le phlogiſtique pur n'exiſte point dans la nature, ſans être uni à un acide ; & ſous cette combinaiſon, il eſt tantôt ſoumis, & tantôt rebelle à nos efforts ; l'air eſt un mixte & non une modification ; l'eau conſervera encore pendant longtems la dignité de ſubſtance élémentaire ; du moins les expériences qu'on vient de faire ne prouvent que les propriétés aériennes de l'eau vaporiſée. Tous les fluides connus, ſoit ceux qui ne ſont que des modifications du fluide de la lumière, ſoit ceux qui réſultent de la combinaiſon de pluſieurs élémens, ſont ſoumis à notre pouvoir : le ſeul fluide meſmérien, ou cette prétendue matière ſubtile, univerſelle, échapperoit à notre action & à tous nos ſens : ſi le fluide magnétique de l'aimant eſt inviſible, ſon action eſt ſenſible & ſe répète à volonté. Il ne peut donc y avoir d'agent univerſel qui nous tranſmette l'influence magnétique ; vous verrez bientôt qu'on a pas de droits plus certains pour attribuer, à quelques fluides particuliers, le petit

nombre de faits réels produits par ce qu'on appelle le magnétiſme animal.

Pour nous donner les principes qui conſtituent l'homme, & faire connoître comment il ſe forme, il faudroit ſavoir ſi l'embrion exiſte avant l'accouplement, ou s'il ne fait enſuite que ſe développer. Les expériences fameuſes de Harvée, celles d'un très-grand nombre de phyſiciens, ont laiſſé cette queſtion indéciſe; & tout ce qui regarde la génération eſt un myſtère incompréhenſible. Les ſyſtêmes imaginés pour l'expliquer doivent nous convaincre qu'il exiſte une cauſe première de la formation de l'animal, & qu'elle nous ſera éternellement cachée, ainſi que toutes les autres cauſes premières. Comment prononcer ſur ce qu'il faut appeller le principe de la vie? nous ne ſavons pas même ce qui arrive à une ſemence qu'on met en terre: on ſe flatte donc en vain de nous faire connoître comment le principe vivifiant peut être ſubordonné à l'action des corps céleſtes.

Vous voyez, Monſieur, que les promeſſes du rédacteur du ſyſtême meſmérien, ſont un peu analogues à celles des alchimiſtes. Pourquoi cette ſublime doctrine ne paroît-elle pas dans ſon entier? On nous parle ſans ceſſe de grandes découvertes; mais tout me rappelle la fable de la montagne en travail. Vous dites vous-même que la moitié du royaume magnétiſe l'autre, que les initiés ſe multiplient : le myſtère eſt donc inutile ; il eſt même incompréhenſible, & fait ſoupçonner que cette théorie, ſemblable aux oiſeaux nocturnes, craint de ſe montrer au grand jour. Au lieu de préſenter requête au parlement, n'étoit-il pas plus naturel de foudroyer les rapports par la publication de tout le ſyſtême ? Les eſprits les plus indifférens s'étonnent, avec raiſon, que l'auteur de cette requête n'ait pas employé ſes talens pour réſoudre les grands problêmes dont la ſolution a été tentée en vain par les génies les plus vaſtes. Ce ſilence paroît très-préjudiciable au magnétiſme animal : il ſemble qu'on ait des intérêts ſecrets pour prolonger le ſchiſme qu'il occaſionne.

« Vous nous parlez, Monſieur, de l'inſuffi-
» ſance des principes phyſiques, pour expli-
» quer la puiſſance de la volonté ſur la plu-
» part de nos mouvemens : MM. les com-
» miſſaires croient ce qu'ils ne voient pas,
» ce qu'ils ne peuvent voir ; les effets ſuffi-
» ſent pour les convaincre, quoique les
» moyens leur ſoient abſolument inconnus. »
J'ignore les conſéquences que vous voulez tirer de ces réflexions : les phénomènes dont vous parlez ne ſont pas du même ordre que ceux du magnétiſme animal ; & dès-lors vous ne deviez pas les comparer.

L'ame eſt ſpirituelle : vérité de ſentiment chez tous les peuples, vérité aujourd'hui révélée. Le corps eſt matériel ; il ne peut y

avoir

avoir d'actions physiques de l'ame sur le corps; car la réaction étant toujours égale à l'action, le corps réagiroit sur une substance qui n'est pas matérielle, ce qui est impossible. D'un autre côté, nous exécutons à volonté un grand nombre de mouvemens; & cette volonté, dans l'homme, n'est pas un acte matériel: l'action de l'ame sur le corps est donc inexplicable pour les vrais savans. Si le magnétisme a une base physique elle ne doit pas être en opposition avec les loix de la nature; car, dans ce cas, elle doit être classée parmi les fantômes créés par l'imagination.

L'homme est fait à l'image de Dieu, selon l'historien sacré; ne donnons pas trop d'extension à une vérité qui ne regarde que la nature de notre ame: quoiqu'elle soit spirituelle, nous n'en sommes pas moins des êtres si bornés, que l'idée de l'infini réel est au-dessus de notre entendement. Si la puissance de notre volonté pouvoit s'étendre au-delà du corps soumis par le Créateur au souffle divin qui l'anime, comment accorderiez-vous ce pouvoir funeste avec la sagesse infinie de l'être qui a tout créé & qui conserve tout? Que deviendroient l'innocence, la pudeur & la vertu, s'il étoit possible, ainsi que vous le prétendez, de magnétiser un individu absent?

En cherchant à reconnoître l'action d'un fluide qui ne peut être apperçu par aucun de nos sens, MM. les commissaires ont, selon vous, trop examiné cette question en phyſiciens. Ils diſent néanmoins, dans le compte rendu à l'académie des ſciences, que, « forcés » de renoncer aux preuves phyſiques, ils » ont été obligés de chercher les cauſes des » effets réels dans les circonſtances morales : » nous avons, dans la ſuite de nos opérations, » ceſſé d'être phyſiciens pour n'être plus que » philoſophes. » Il eſt très-important de remarquer que MM. les commiſſaires ont admis des effets réels, dans leur rapport ſur le magnétiſme animal, & que les reproches qu'on leur a fait d'avoir nié tous les faits, eſt une déclamation dictée par l'injuſtice ou par une lecture trop précipitée de ce même rapport.

Ne vous êtes-vous point trop preſſé, Monſieur, lorſque vous nous aſſurez que les ſavans n'ont qu'une meſure pour juger les objets ſoumis à leur examen ? Vous gardez le ſilence ſur cette meſure ; il faut donc vous faire connoître celle dont on doit ſe ſervir pour prononcer ſur une hypothèſe phyſique. » Elle doit être démontrée fauſſe, dit M. » d'Alembert, ſi elle eſt conçue en termes » vides de ſens, ou qui n'ont aucune idée » fixe & déterminée, ſi elle n'explique rien, » ſi elle entraîne après elle des difficultés » importantes, & ſi elle eſt en contradiction » avec les principes qui ſervent de fonde- » ment à nos connoiſſances : appliquons cette » meſure à l'hypothèſe du magnétiſme » animal. »

Elle ſuppoſe une influence ſecrète, un fluide univerſel, qui nous la tranſmet : elle ſuppoſe une ſeule maladie produite par l'aberration de l'équilibre, un ſeul remède, *le magnétiſme animal* : ſi ce n'eſt pas là du galimathias, je ſuis bien trompé ; car ſi l'aberration eſt un mouvement apparent obſervé dans les étoiles fixes, comment la maladie eſt-elle la ſuite de l'aberration de l'équilibre ? La nature qui ajoute unité à unité, les maladies qui ont un point central, une influence occulte, une vertu ſecrète tranſmiſe par un fluide matériel, l'homme regardé comme un petit monde, & mis en analogie avec l'aimant, ſa volonté toute puiſſante ſur ſon ſemblable, l'ordre ſuppoſé par-tout, ſans connoiſſance de l'ordre réel, forment un aſſemblage de mots très-étonnés de ſe trouver enſemble : donc l'hypothèſe qui en a beſoin, doit être rejettée. Un fluide univerſel a également des difficultés preſque inſurmontables, ſur-tout en le ſuppoſant dirigé en courant général & paſſant réciproquement des animaux aux végétaux ; il eſt en contradiction avec les principes connus : il faut donc regarder, comme fauſſe, une hypothèſe appuyée ſur cette baſe chimérique. Enfin, le magnétiſme animal n'expliquant rien, faiſant rétrograder l'eſprit humain, & nous remettant ſous le joug de l'ignorance, de la ſuperſtition, & peut-être même du fanatiſme, car il en eſt de pluſieurs eſpèces, on doit applaudir à la fermeté éclairée des ſavans qui l'ont proſcrit.

« Les phénomènes qui s'offrent tous les » jours à nos yeux, qui ſe ſuccèdent ſans » interruption & dans tous les cas, ſont le » fondement de nos connoiſſances phyſiques, » ſelon M. le comte de Buffon; il ſuffit qu'une » choſe arrive toujours de la même façon, » pour qu'elle faſſe une certitude ou une » vérité pour nous : ainſi une répétition » fréquente & une ſucceſſion non interrom- » pue des mêmes événemens, fait l'aſſurance » de la vérité phyſique. » Si le magnétiſme animal a pour cauſe l'action d'un fluide univerſel, pourquoi tous ceux qui s'y ſoumettent avec tranquillité & incrédulité, échappent-ils à ce nouvel agent ? M. Meſmer annonce lui-même, « qu'il y a des perſonnes non magné- » tiques » ; & M. Deſlon vient de nous répéter récemment, « qu'on n'éprouve pas ſon » action en état de ſanté ; & qu'en état de » maladie, on y eſt très-fréquemment inſen- » ſible. » Cette ſublime théorie n'a donc point de cauſe phyſique, puiſque la ſucceſſion des effets de cette cauſe eſt ſouvent interrompue.

« Vous nous aſſurez, Monſieur, que tous » les médecins s'accordent à reconnoître, » dans la nature, une vertu, une action, » quel qu'en ſoit le moyen, qui tend puiſ- » ſamment à la guériſon des maladies ; après » en avoir détaillé les effets, vous concluez

» que cette action bienfaisante de la nature » n'est point un être de raison, & qu'elle a » dans les maladies aiguës sa marche régu- » lière, ses époques & ses jours de crises. » Cette vertu efficace, étant réelle & phy- » sique, vous demandez s'il est démontré » que, pour la maîtriser ou réactionner, l'art » n'ait d'autres ressources que l'action des » remèdes simples ou composés; s'il n'y a » entre l'homme & la nature, que des » moyens intermédiaires; s'il n'en existe » point de plus directs par lesquels on puisse » saisir cette action avec plus ou moins de » certitude, qu'il ne le fait par l'action des mé- » dicamens? Or, M. Mesmer se présente, ajou- » tez-vous : il dit avoir découvert un moyen » d'agir puissamment sur l'animal : il le prouve » par des faits, & il assure que cette action est » celle même de la nature. » Que d'assertions hasardées dans ce petit nombre de lignes !

Agir puissamment n'est pas toujours, Monsieur, agir salutairement. Les remèdes héroïques ont beaucoup d'activité, & demandent une très-grande prudence dans les médecins qui les administrent. Vous nous parlez de maîtriser ou réactionner la marche & les crises de la nature dans les maladies aiguës : votre erreur vient de l'équivoque du mot de crise : vous pouvez lire, à ce sujet, le rapport de MM. les commissaires de la société. Enfin quelle action avez-vous en vue? est-ce celle qui dépendroit de votre fluide univerſel ? quand on admettroit ſon exiſtence, ſeroit-il ſoumis à notre puiſſance ? Si vous parlez des ſuites de l'application des mains, ces effets ont été connus dans l'inſtant qu'il y a eu ſur la terre deux êtres de différent ſexe. Enfin, Monſieur, entre l'homme & la nature, il n'y a préciſément rien. Les remèdes donnés par un habile médecin ſont des aides, des ſecours auxiliaires qui doivent ſeconder les efforts de la nature; s'ils manquent leur effet, l'animal eſt détruit. Les criſes magnétiques ſont preſque toujours dangereuſes, puiſqu'on n'eſt pas le maître de les faire ceſſer à volonté. En doutez-vous? jettez les yeux ſur le *numero* 13 *des Obſervations regnantes.* MM. Vitet & Petetin ont employé, pendant quinze jours, toutes les reſſources de l'art, « pour calmer une demoiſelle, âgée de dix-ſept ans, magnétiſée par l'application des mains d'un jeune homme, bien fait & très-irritable : malgré les remèdes, il reſtoit, après ce tems, une grande ſenſibilité & une diſpoſition évidente aux convulſions. »

Ce fait important eſt un peu contraire au principe que vous nous donnez pour un axiome : *qui peut le plus, peut le moins.* L'imagination exaltée, le genre nerveux irrité par le pouvoir magnétique, donnent des criſes forcées & même dangereuſes, on en convient. Cette criſe eſt un déſordre momentanée dans l'économie animale ; ſeroit-il donc plus facile de tempérer une crise que de la donner ? J'en appelle à tous ceux qui pratiquent l'art de guérir ; ils vous diront qu'une médecine de précaution a causé quelquefois les plus grands ravages ; que les suppressions, l'épilepsie peuvent être occasionnées par une simple frayeur, & que l'art se trouve quelquefois dans l'impuissance de faire cesser le désordre ; en morale, l'erreur d'un moment peut influer sur toute la vie.

« Vous dinstinguez quatre espèces de „ crises ; les premières qui existent chez les „ malades, avant d'être soumis au traite- „ ment, qui se manifestent dès la première „ fois qu'on agit magnétiquement sur eux, „ quoiqu'ils ne fussent point auparavant „ sujets aux crises : elles sont, dit-on, dans „ la nature, elles sont nécessaires & salu- „ taires ; l'action magnétique les seconde ou „ les procure, en leur donnant le caractère „ qui leur est propre. „ Mais comment des crises s'emparent-elles d'un malade qui n'y est pas sujet ? Ne peut-on pas croire que la nature ne les auroit pas données, & qu'il peut être très-dangereux de les provoquer.

« Les deux traitemens qui ont vraiment „ une existence méritée sont, celui de M. „ Orlut & celui de MM. Dutreich & Lanoix.» Les magnétiseurs qui ont d'autres baquets pourroient vous demander, pourquoi vous croyez que leurs traitemens n'ont pas une existence méritée, & pourquoi ils n'auroient pas le même droit à la confiance publique? Les miracles y ſont auſſi fréquens & auſſi extraordinaires, que dans ceux que vous déſignez : on donne des criſes douces ou convulſives ; on rend les filles ſomnambules ; on les met en catalepſie, &, dans cet état, elles peuvent non ſeulement dire le ſiège des maladies, mais indiquer les remèdes que la nature avoue ou qu'elle rejette. Ces merveilles ont eu pour témoins des médecins, des académiciens, des magiſtrats, & des perſonnes d'un rang diſtingué dans la ſociété : ſi vous rejettez ces preuves, celles que vous alléguez en faveur des deux traitemens privilégiés, ſont également ſans force ; car enfin, les deux médecins ſurveillans dont vous parlez, *page* 28, ne ſont que de ſimples particuliers ſans miſſion. Le rapport du collège de médecine, celui de l'académie, celui du corps de chirurgie, voilà, Monſieur, les autorités qu'il falloit nous oppoſer ; les perſonnes qui ont un rang diſtingué dans la ſociété, n'augmentent ni la vraiſemblance ni la probabilité, à moins qu'elles ne ſoient également diſtinguées par l'étendue de leur connoiſſance. Les voix ſe comptent-elles? non, elles ſe pèſent. On dira : vous rejettez un rapport ſigné d'après l'avis uniforme de ſavans du premier ordre ; on peut donc recuſer les témoignages que vous oppoſez.

Le ſomnambule eſt, ſelon vous, Monſieur, le meilleur médecin magnétique ; eſt-il donc prouvé que les somnambules aient des idées? « Je suis bien éloigné de croire, dit M. le „ comte de Buffon, que les somnambules, „ les gens qui parlent en dormant, qui „ répondent à des questions, soient en effet „ occupés d'idées : l'ame ne me paroît avoir „ aucune part à toutes ces actions ; car les „ somnambules vont, viennent, agissent „ sans réflexion, sans connoissance de leur „ situation, ni du péril, ni des inconvéniens „ qui accompagnent leurs démarches ; les „ seules facultés animales sont en exercice, „ & même elles n'y sont pas toutes : un som- „ nambule est, dans cet état, plus stupide „ qu'une imbécille ; parce qu'il n'y a qu'une „ partie de ses sens & de son sentiment qui „ soit alors en exercice ; au lieu que l'imbé- „ cille dispose de tous ses sens & jouit du „ sentiment dans toute son étendue. A l'égard „ de ceux qui parlent en dormant, je ne „ crois pas qu'ils disent rien de nouveau : la „ réponse à certaines questions triviales & „ usitées, la répétition de quelques phrases „ communes, ne prouvent pas l'action de „ l'ame : tout cela peut s'opérer indépen- „ damment du principe de la connoissance „ & de la pensée. Pourquoi, dans le som- „ meil, ne parleroit-on pas? puisqu'en „ s'examinant soi-même, lorsqu'on est le „ mieux éveillé, on s'apperçoit, sur-tout „ dans les passions, qu'on dit tant de choses „ sans réflexion. „ (*Œuvres complettes de M. de Buffon, tome IV, page* 328.)

Vous osez proposer, Monsieur, dans votre dixième expérience, de mettre, par l'action magnétique, des personnes dans l'état de catalepsie, & d'autres dans l'état complet de somnambulisme : un élève de M. Mesmer proscrit, avec raison, toutes ces crises.

« Le magnétisme animal, tel qu'il doit être, „ tel qu'il nous a été enseigné, est un être „ doux & bienfaisant, tandis que la catalepsie & le somnambulisme, qu'on peut „ donner à volonté, est une maladie réelle, „ dont l'intensité augmentée peut déranger „ le cerveau qui en est le siège. Quel pas „ cela fait-il faire d'ailleurs dans la science? „ quel effet curatif doit-il en résulter? Enfin „ cette manœuvre, par laquelle on endort, „ nous la regardons comme vicieuse & d'un „ grand péril. „ *Lettre à M. Pressavin.*

L'art de procurer à volonté ces terribles maladies, est très-dangereux : l'habitude de tomber artificiellement dans cet état, pourroit devenir naturelle : vous commettriez alors une grande injustice, & la société devroit tonner contre l'usage de ce pouvoir. L'art de rendre somnambule ne tient-il pas à la manière de guérir par enchantement? Ne tient-il pas un peu à cette divination naturelle qui se manifestoit pendant un profond sommeil ou pendant quelque extase involontaire? N'est-il pas l'effet de cette imagination qui enfanta les vampires, fit naître les sachets, les amulettes, les talismans, les philtres, les figures en cire ; qui fit extravaguer les religieuſes de Loudun, rendit malheureuſement trop célèbre l'extatique La Cadière, enfin qui multiplia les eſprits-follets, les revenans, les ſorciers, & ſoutient encore aujourd'hui le pouvoir des jongleurs ?

Les convulſionnaires ne reſſembloient pas mal à vos filles ſomnambules : le plus grand nombre étoit des filles du peuple ; c'eſt un degré de plus dans l'analogie. Ne me ſoupçonnez pas, Monſieur, d'un rapprochement gratuit ; j'emprunte les paroles de M. de Montgeron. " Il eſt de notoriété publique, „ écrivoit ce magiſtrat, que les convulſion„ naires ont ordinairement beaucoup plus „ d'eſprit, de pénétration & d'intelligence, „ lorſqu'ils ſont en convulſions. On voit de „ jeunes filles extrêmement timides, dont „ le fond n'eſt qu'ignorance & ſtupidité, „ qui parlent alors avec exactitude, avec „ énergie, avec véhémence & avec dignité ; „ leur ame eſt plus dégagée des ſens que „ dans l'état naturel : il y en a pluſieurs dont „ les membres ſont inſenſibles : il ſuffit de „ leur dire de prier pour des perſonnes ma„ lades, on les voit ſur le champ repréſenter „ l'état de ces perſonnes, & deviner quelle „ eſt leur incommodité. Quelques convul„ ſionnaires, qui n'ont jamais eu de voix, „ ont parfaitement bien chanté ; d'autres „ ont parlé une langue qui leur étoit incon„ nue : les uns ſe ſouviennent de ce qu'ils

„ ont dit, & les autres n'en conservoient pas „ la mémoire. „

On trouve, dans le premier volume de l'Examen des Esprits de Jean Huart, médecin Espagnol, plusieurs faits aussi singuliers que ceux dont vous pouvez avoir été témoin, & que ceux dont parle M. de Montgeron. (*)

(*) Si le cerveau, dit ce medecin, est tempéré selon que les sciences naturelles le requierent, il n'est pas besoin de maîtres qui nous enseignent. Si l'homme a quelque maladie, comme est la manie, la mélancolie, & la phrénésie ; il perdra en un moment, s'il étoit sage ou prudent, tout ce qu'il avoit de prudence ou de sagesse ; & s'il est ignorant, il acquerra plus d'esprit & d'habileté qu'il n'en avoit auparavant. Un laboureur, qui étoit frénétique, fit un discours devant moi avec une aussi grande élégance & pureté de mots, que Ciceron en auroit pu trouver pour haranguer en plein senat.

Un autre frénétique n'a pas dit, pendant huit jours, une parole qu'il ne lui trouvât sa rime. Le page d'un seigneur espagnol étoit tenu pour jeune homme de peu d'esprit ; mais étant devenu maniaque, il faisoit de si bonnes réponses à ce qu'on lui demandoit, & se formoit une si belle idée pour gouverner un Royaume dont il se croyoit le maître, que le médecin, qui le guérit, fut très-mal reçu du seigneur espagnol qui lui dit qu'il n'étoit pas raisonnable d'avoir changé une si sage folie en un entendement lourd comme celui de son page, quand il est en santé, *pag.* 123.

Un médecin, dit M. Sauvage, confia à mes soins une femme âgée de 24 ans, habituellement réglée, laquelle ayant reçu une injure d'un paysan, étoit tombée dans une maladie périodique que la plus légere affection de l'ame augmentoit, & dont chaque paroxisme duroit demi-heure ou une heure. Cette femme perdoit tout-à-coup l'usage de tous ses sens ; elle expri-

Ces faits ſinguliers & certains ne ſuppoſent, Monſieur, aucun magnétiſme animal, ils ſont l'effet & la ſuite d'un déſordre dans l'économie animale. Les cataleptiques & les ſomnambules magnétiques ont également un trouble intérieur, & vous leur accordez néanmoins la puiſſance de connoître les maladies qui ont des obſtructions pour cauſe, vous voulez même que ces filles puiſſent en déter-

---

moit par ſes geſtes & par ſes paroles, les différentes affections de ſon ame. Aſſiſe ſur ſon lit, elle s'imaginoit appercevoir ſon ennemi dans la perſonne d'un chirurgien qu'elle croyoit voir entrer dans ſa chambre; elle faiſoit effort pour ſe jetter ſur lui : enſuite appercevant ſon ombre peinte ſur la muraille oppoſée, & la voyant répondre aux différentes ſituations de la chandelle, elle la ſuivoit, ſe fâchoit contre elle, ſans voir ni entendre ſon mari qui lui parloit, & ſans donner aucun ſigne de ſenſation, quoiqu'on la piquât & qu'on l'agaçât de toute manière. Lorſqu'elle jouiſſoit, pendant les accès, de quelque moment de tranquillité, ſi l'on fléchiſſoit ou ſi l'on étendoit alors ſes doigts, ſes mains, ſes bras, ces parties conſervoient la poſition qu'on leur imprimoit juſqu'à ce que la néceſſité de geſticuler les obligeât de changer de ſituation.

Une femme peu réglée, & qui n'avoit encore point fait d'enfans, étoit ſujette à une eſpèce de délire, qui n'étoit accompagné d'aucunes convulſions violentes; elle parloit, pendant ce délire, à quelqu'un des aſſiſtans, d'une voix d'abord obſcure, enſuite claire & diſtincte; elle voyoit cette perſonne, obſervoit ſes moindres geſtes; & quoiqu'elle lui parlât de différentes choſes, elle rapportoit cependant tout à une ſeule idée qui l'occupoit uniquement. Cette perſonne étoit la ſeule de tous les aſſitans qu'elle voyoit ou qu'elle

miner le siège ! “ Agrippa vous diroit : com-
„ ment croire qu'on ait, dans un accès de
„ frénésie, ou dans le sommeil, ce que ceux
„ qui jouissent de tout leur bon sens, &
„ qui sont bien éveillés, ignorent absolu-
„ ment ? Ne diroit-on pas que Dieu, se
„ divertissant avec les insensés, se feroit un
„ plaisir de leur communiquer des secrets
„ dont il refuse la connoissance aux esprits

---

entendoit ; aucune autre ne frappoit ses sens. Cette femme ayant perdu sa mère qui lui fut enlevée par une mort subite, conversoit avec elle comme si elle eût été présente; elle lui répondoit comme si elle l'eût interrogée; elle la prioit de prendre soin de sa santé, & de faire appeller un médecin qu'elle lui désignoit comme le plus célèbre. Quoique mariée depuis long-tems, elle parloit à sa mère de son mariage, d'une manière fort sensée, & en termes très-modestes ; elle lui faisoit à ce sujet plusieurs objections, & en réfutoit d'autres ; on eût dit, à l'entendre, qu'elle épanchoit son cœur dans le sein de sa mère ; elle parloit de tout avec beaucoup d'esprit & de bon sens.

Une fille âgée de dix ans éprouvoit chaque jour des convulsions pendant lesquelles, étendue sur son lit, & & privée presque de tout sentiment, elle parloit, pendant plusieurs heures de suite, avec beaucoup de célérité, & sans aucune interruption, montroit dans ses discours un esprit supérieur à son âge. Sa mère la soulageoit en lui serrant le front, au point que les convulsions recommençoient, lorsqu'on cessoit de le lui serrer. Pendant que les autres sens paroissoient entiérement suspendus, le tact étoit, dans cette fille, si fin & si délicat que, si une autre femme que sa mère lui serroit le front, elle entroit aussi-ôt en colère, jusqu'à ce que sa mère ait repris cette fonction. *Nozol. méthod.*

„ sains, & qui même s'appliquent à l'étude „ & à la méditation ? „ (*De la Vanité des sciences, chap. XL. De la Fureur.*)

Il faut connoître la nature, la matière, le siège, les causes & les effets des différentes obstructions, pour ne pas se tromper aux signes qui les annoncent. Les personnes les plus exercées dans l'art de guérir sont souvent incertaines sur ces maladies & sur les

---

Le quatre Avril 1737, visitant l'hôpital à dix heures, je trouvai, dit M. Sauvage de la Croix, une fille de 20 ans retenue par sa foiblesse & un mal à la tête ; l'attaque de catalepsie venoit de la prendre, & la quitta en cinq ou six minutes. Elle bailla, se leva sur son séant ; elle se mit à parler avec une vivacité & un esprit qu'on ne lui voyoit jamais hors de cet état ; elle changeoit quelquefois de propos, & sembloit parler à plusieurs de ses amies qui s'assembloient autour de son lit : ce qu'elle disoit avoit quelque suite avec ce qu'elle avoit dit dans son attaque du jour précédent, où ayant rapporté, mot pour mot, une instruction en forme de catéchisme qu'elle avoit entendu la veille, elle en fit des applications morales & malcieuses à des personnes de la mnison, qu'elle avoit soin de désiner sous des noms inventés ; enfin avec toutes les circonstances des actions faites dans la veille ; & cependant elle étoit fort endormie, ainsi que je m'en assurai par plusieurs épreuves. Elle vint à parler d'un ton plus sérieux & plus gai ; elle chanta, fit des efforts pour se tirer du lit, ce qu'elle fit en sautant & poussant des cris de joie : elle revint dans son lit, & peu de tems après, elle fut cataleptique. Le commencement & la fin étoient des catalepsies parfaites, & le milieu un somnanbulisme, d'où M. Sauvage conclud qu'il faut que l'état des cataleptiques differe bien peu de celui des somnambules.

moyens de les traiter : & des filles somnambules indiqueroient, plus surement qu'aucun médecin, le siège & la nature de ces maladies ! & des filles & des femmes, en crises, devineroient, constamment & sans jamais se tromper, le siège du mal dans toutes les personnes qu'on leur présenteroit. « Tous les » siècles se ressemblent, se contrepèsent ; & » les hommes, malgré les passions & les pré» jugés dont ils sont susceptibles, présentent » à peu-près le même spectacle moral. (*Hist. critique de la Philosophie*, *tom. Ier. pag.* 250.)

Vous nous dites, Monsieur, que, sans partialité, vous êtes obligé de convenir que la doctrine de M. de Barberin est plus grande que celle de M. Mesmer, & qu'elle en diffère par le principe qui lui sert de base; cependant la théorie mesmérienne peut être regardée comme infiniment grande; celle de M. de Barberin seroit donc un infiniment grand d'un ordre supérieur; mais ne pouvoit-on pas appeller ce calcul, le calcul des infiniment petits ?

On est très-embarrassé, lorsqu'on cherche dans vos réflexions, la théorie de ce nouveau magnétisme, supérieure à celle de M. Mesmer. Je ne trouve qu'une seule expression qui la fasse entrevoir. Vous réduirez toute la question à une seule proposition : " Le magné„ tisme animal existe-t-il ? s'il existe, on „ examinera pourquoi & comment il existe, „ si c'est un fluide ou une action de l'homme.„

Il

Il n'eſt queſtion enſuite que du fluide de M. Meſmer, juſqu'à la page 44, où vous parlez de la médecine primitive, & où vous nous dites que " ſi la nature ſeule „ trouve en elle-même, & ſans le ſecours „ d'aucun médicament, les moyens d'opérer „ le ſoulagement des maux qui affligent „ l'homme, il doit avoir également en lui „ des moyens perſonnels de coopérer à cette „ action bienfaiſante & de la diriger. »

Quelque extraordinaire que ſoit le ſyſtême d'un fluide univerſel, chargé des influences céleſtes, il me ſemble, Monſieur, que vous prenez un vol beaucoup plus haut; mais ne craignez-vous point la chûte des Phaétons & des Icares ? L'homme, dans l'état de nature, n'eſt pas mieux connu que la médecine primitive. On peut former ſur ces deux objets, une foule de ſyſtêmes auſſi chimériques les uns que les autres. L'état d'innocence a été très-court; les maux phyſiques & moraux ont inondé la terre, à une époque ſi voiſine de la création, que tous les raiſonneurs ſe trouveroient en défaut ſans la révélation! Les vertus des plantes ſont un bienfait de l'être ſuprême, approprié à notre être: dans ce cas, la plante arrachée du ſol n'auroit-elle pas été le premier médicament? le règne végétal ſeroit donc la médecine primitive; du moins c'eſt la ſeule qui ſoit en uſage chez les ſauvages nouvellement découverts par le célèbre & malheureux Cook.

La nature ſeule ne peut rien trouver en elle-même, puiſque la nature n'eſt, dit M. de Buffon, que le ſoutien des loix établies par le Créateur pour l'exiſtence des choſes & la ſucceſſion de tous les êtres : ſi vous vous étiez expliqué un peu moins obſcurément, on pourroit deviner ce que vous entendez par la ſeule action de l'homme ; vous nous réduiſez à ne pouvoir former que des conjectures ſur la baſe du ſyſtême de M. le chevalier de Barberin : ſeroit-elle renfermée dans le livre des erreurs & de la vérité, cet ouvrage ſingulier, inintelligible, du moins pour ceux qui cherchent la vérité & qui veulent ſe garantir de l'erreur ? Rameneriez-vous ſur la ſcène l'application de l'aſtrologie à la médecine ? je vous renverrois à l'hiſtoire de l'aſtronomie ancienne. Feriez-vous revivre les myſtères de la cabale ? reſſuſciteriez-vous les génies, les eſprits aériens, ignées, terreſtres & aqueux ? vous auriez donc oublié ce vers des plaideurs :

Que de fous ! je ne fus jamais à cette fête.

Les guériſons opérées par le magnétiſme animal, les criſes, les convulſions, le ſomnambuliſme & la catalepſie, ne ſont-ils pas, direz-vous, des faits qui ſuppoſent un agent réel ? Quant aux cures, on vient d'annoncer, dans le Journal de médecine, un ouvrage *in-12*, ſous le titre de *Détail des cures opérées à Buzancy près Soiſſons, par le magnétiſme animal.* L'éditeur de ce Journal aſſure que cette brochure rappelle la pensée de M. Montesquieu: *Lorsque Dieu créa les cervelles humaines, il ne s'est point obligé à la garantie.* On trouve dans le même Journal, une réponse de l'éditeur à M. Heyraud, médecin, à Sauveterre en Bazadois: elle mérite d'être lue. (*)

(*) A Paris, Monsieur, comme à Bordeaux, l'on dit: j'ai vu; que ne voit-on pas, que n'a-t-on pas vu? des revenans, des sorciers, des loups-garoux, le diable, ses cornes, sa queue, le sabbat en gros & en détail? N'a-t-on pas vu des statues & des images verser des larmes de sang, tourner les yeux & même la tête? Un trépassé a long-tems convulsionné les bons parisiens; & pourquoi un baquet auroit-il sur eux moins de prise qu'un cercueil? Ils se souviennent d'avoir été arrachés du tombeau du diacre Pâris, & ils se sont liés à la cuve du docteur Mesmer. Si vous y croyez, Monsieur, venez compter vos cent louis, vous suivrez des leçons d'une physique transcendante, & vous écouterez le débit d'un sublime commentaire sur une vingtaine de fariboles. M. Mesmer les a empruntées, & il se les approprie comme un héritage auquel son génie l'appelle incontestablement. Oui, Monsieur, moyennant la modique somme de cent louis, vous aurez part à cette belle succession; vous aurez le droit de la faire prospérer à votre profit, vous obtiendrez la prérogative de faire du galimatias double; vous ferez aussi serment de garder le secret, mais vous aurez à dire hautement: *J'ai vu*, & sur-tout *qu'il n'y a pas à raisonner sur des faits*, c'est-à-dire, contre *un j'ai vu.*

Si cependant le sang de l'immortel Poinsinet ne coule pas dans vos veines; si vous ne pouvez pas croire au magnétisme animal, je vous propose d'envoyer poliment les mesméristes, les mesmériseurs & les mesmérisés qui vous lachent *un j'ai vu*, à M. de Voltaire, qui leur répond: je ne crois pas, même les témoins oculaires, quand ils me disent des choses que le bon sens désavoue. *Préface de l'Histoire de Charle XII.*

« Les cures de Buzancy ont pour agent
» un vieux orme magnétisé, autour duquel
» on a placé des bancs circulaires en pierre,
» sur lesquels sont assis tous les malades,
» qui tous entrelacent, de la corde, les par-
» ties souffrantes de leur corps; alors l'opé-
» ration commence : tout le monde formant
» la chaîne, & se tenant par les pouces, le
» fluide magnétique circule, dans ces instans,
» avec plus de liberté. Si, par hasard, quel-
» qu'un rompt la chaîne, quelques malades
» éprouvent une sensation gênante, & dé-
» clarent que la chaîne est rompue. On choisit
» alors quelques sujets qu'on fait tom-
» ber en crise par l'attouchement des mains,
» & on leur présente une baguette de fer;
» on a les yeux fermés, le sens de la vue est
» nul, les facultés physiques sont suspendues,
» mais au profit des facultés intellectuelles.
» Si on touche la malade en crise, la chaise
» même sur laquelle elle est assise, on lui
» cause des convulsions que celui qui magné-
» tise peut seul calmer. Ces malades en crises,
» qu'on nomme des médecins, ont un pou-
» voir surnaturel par lequel, en touchant
» un malade qui leur est présenté, en portant
» la main, même par dessus les vêtemens,
» ils sentent quel est le viscère affecté, quelle
» est la partie souffrante; ils le déclarent,
» & indiquent à peu-près les remèdes conve-
» nables. » *Lettre de M. Cloquet, receveur des gabelles, à Soissons.* Les cures de Beaubourg

en Brie ont été faites à peu-près par le même moyen.

Les guérisons rapportées par M. le marquis de Puiségur, sont plus extraordinaires que celles qui se font dans les traitemens ordinaires. En supposant une athmosphère autour de tous les individus du règne végétal, les émanations qui la formeroient, seroient très-différentes des émanations animales, tant par leur nature, que par leur degré de chaleur : on pourroit donc dire que l'effet d'un arbre magnétisé n'auroit pas pour principe le magnétisme animal, ou du moins que ces principes n'auroient pas la même modification. Quelle que soit la cause de la chaleur interne des animaux, elle est beaucoup plus grande dans l'homme, dans les oiseaux & dans les quadupèdes, que dans les substances végétales. Dans ces dernières, elle dépend de la température de l'athmosphère ; au lieu que dans l'homme elle a un foyer propre qui est moins soumis aux variations de l'air

Si le fluide électrique paroît agir puissamment sur la végétation dans les expériences de M. Marat, quels sont les faits qui autorisent à croire qu'il soit poussé en dehors par les corps organisés, & altéré ou repompé par d'autres ? En le considérant même sous le point de vue d'un fluide universellement répandu, est-il mu avec activité ? Le fluide de la lumière est le seul qui soit lancé sur la terre avec une vîteſſe capable de le faire entrer dans tous les corps ; mais il perd bientôt ce mouvement prodigieux, lorſqu'il perd ſa modification primitive : on peut la lui rendre en le condenſant & en l'appliquant aux combuſtibles : il devient alors fluide ignée ; il reprend une partie de ſa vîteſſe, & devient capable de ſe propager à une diſtance proportionnée à la force de ſon foyer. Dans tout autre cas, c'eſt un fluide tranquille qui ſe diſtribue lentement & également dans tous les corps : enfin le magnétiſme animal, produit par un arbre magnétiſé, devoit occaſionner un froid très-ſenſible dans tous les malades qui ont été au traitement à Buzancy, la proportion de la chaleur étant très-inégale entre l'homme & les végétaux.

L'auteur d'une diatribe contre les facultés de médecine, les académies, les ſociétés royales, &c. inſérée *page* 277, ſous le nom *Obſervations*, dans le recueil des pièces intéreſſantes pour le magnétiſme animal, prétend que *les pourquoi des choſes les plus ſimples & les plus communes peuvent arrêter très-long-tems les honorables membres des académies*. Il peut avoir raiſon ; mais ſon exemple eſt mal choiſi : quand il les défie d'expliquer comment l'eau éteint le feu. On peut lui répondre que l'eau anime ou éteint le feu, ſelon la quantité qu'on en jette ſur les corps en combuſtion : ſi on la fait tomber en grande maſſe, elle ſouſtrait, elle écarte ſubitement, des matières qui brûlent, la portion de l'athmoſphère qui alimentoit le feu, & il s'éteint; l'eau eſt-elle en petite quantité, elle eſt vaporiſée, elle acquiert en partie la propriété de l'air athmoſphérique, & devient capable de favoriſer la combuſtion. On lit encore, à la page 281 de la même Déclamation, que la plûpart des maladies ſoumiſes au traitement de M. Meſmer, ſont des maladies qui ont réſiſté à tous les moyens connus de la médecine ordinaire. Les maladies guéries ſur la tombe de M. Paris, ou ſans convulſions ou à la ſuite des convulſions, étoient preſque toutes de la même eſpèce. Jettons un coup-d'œil ſur quelques-unes; comparons-les aux guériſons commencées ou opérées par le magnétiſme: ce tableau peut nous conduire à des conſéquences inſtructives. Je rapporterai les unes & les autres dans les propres paroles de M. de Montgeron & des médecins magnétiſans.

Sur les 62 cures de Buzancy, le tiers, au moins, étoit des fièvres tierces, quartes, plus ou moins anciennes. Ces maladies ne ſont pas du nombre de celles qui font le déſeſpoir du médecin. Il en eſt qu'on doit abandonner à la nature: telles ſont la plupart des fièvres intermittentes qui ſe montrent au printems. Celles qui, dans quelques provinces, attaquent périodiquement les habitans de la campagne, dans les mois d'Août & de Septembre, ſont ſouvent guéries par la nature, & sans le secours des fébrifuges; sur-tout lorsque les malades dépendent d'un seigneur aussi bienfaisant que M. le marquis de Puiségur. Le changement d'air, des secours dans la misère, auroient pu faire cesser les fièvres intermittentes de ceux qui ont été soumis au traitement de Buzancy & aux agens du magnétisme : je n'ai pas cru devoir les rappeller dans le parallèle suivant.

CURES

Attribuées au Magnétisme animal.

Fièvre violente & continue depuis quelques mois, avec oppression.

NICOLAS SIMONET, arrivé mourant le 28 Mai, partit guéri le cinq Juin. Il étoit susceptible de crises magnétiques. B.

Fièvre depuis huit jours, avec douleurs de ventre & d'estomac.

Jean-Charles le Blanc arrivé le premier Juin, partit le 12. B.

Fièvre depuis deux mois & rhumatisme ancien.

Eustache Toussaint, guéri le 13 Juin.

CURES

Attribuées à l'intercession de M. Pâris.

Fièvre continue depuis cinq mois, avec une descente & une hydrocelle.

LE Fils de M. *Louis-Cesard Tissier* a été guéri à Blois, en le faisant boire sur la terre du tombeau, en frottant son corps avec cette terre. Sa guérison, operée en sept jours, est attestée par le médecin, le chirurgien & l'apothicaire qui avoient eu soin de cet enfant.

Fièvre violente, grand mal de tête, mal de côté, & difficulté de respirer.

M. *le Doux*, Fils de M. *le Doux*, conseiller & procureur du roi au grenier à sel de Laon.

LA VUE.

Michel, Bourgeois de Soiſſons, âgé de 18 ans, avoit grand mal aux yeux; l'un étoit rempli de taches blanches qui le privoient entièrement de la facilité de voir; arrivé au traitement le 20 Mai, gueri le premier Juin. BUZANCY.

Marie Leger, âgée de de 42 ans, grand mal aux yeux avec ſuintement, arrive le 25 Mai, guérie le 6 Juin. B.

Le Fils de M. *Korumann*, âgé de deux ans, avoit deux taies qui couvroient ſes yeux: il ne pouvoit ſoutenir la lumière ſans tomber en convulſions. M. Meſmer, ſoupçonnant que la cauſe du mal venoit des obſtructions des viſcères, ſupprime tous les remèdes & le ſoumet au traitement magnétique: les taies ſe ſont diſſipées & il ne reſte plus dans un œil qu'une tache imperceptible.

M. MESMER.

Claude du Sable, un œil paralyſé nouvellement, arrive le 26 Mai, partit gueri le 13 Juin. B.

Marie-Anne Bianne, femme de 28 ans, avoit depuis quinze mois, par

LA VUE.

Pierre Gautier, de Peſenas; deux cicatrices qui couvroient depuis treize ans la plus grande partie de ſa prunelle; privé de l'œil droit depuis quinze mois, par une alène dont la pointe pénétra juſqu'au cryſtallin au mois de Février 1733, recouvre l'œil droit le 22 Avril, & l'œil gauche le 20 Mai, dans ſa ſeconde neuvaine. 3[illegible] certificats.

Dom *Alphonſe de Palacios*, fils de Dom Joſeph Palacios, conſeillier d'etat & au conſeil royal des finances de ſa majeſté Catholique, &c. L'œil droit ſi enflammé qu'on craignit qu'il ne le perdît, ainſi qu'il avoit été privé de l'œil gauche. M. Gendron déclare ce mal incurable. Il eſt entièrement guéri. 23 certificats.

Marie-Jeanne de Gas avoit perdu un œil depuis dix ans par des taies qui le couvroient depuis ſa petite vérole; elle reſſentoit des douleurs affreuſes à la tête depuis une chûte de cheval; elle commence une neuvaine & tombe en convulſions. Guérie le 14 Fevrier 1733.

l'effet d'une humeur qui séjournoit dans la tête, un œil dont elle ne voyoit presque point, lequel suintoit & étoit continuellement enflammé ; arrivée le 28 mai, partit bien guérie, l'œil aussi sain que l'autre, le 6 Juin. B.

Marguerite Crepin avoit la vue diminuée & presqu'entièrement perdue à l'œil gauche par une taie qui en couvroit en grande partie la pupile, est entrée au traitement de M. Giraud, la vue s'est beaucoup améliorée à l'œil droit, & la taie du gauche est sensiblement diminuée.

Mad. *de Megrigny*, Réligieuse, fille de M. le Comte de Megrigny, l'œil droit perdu le 29 Janvier 1724, le pouvoir de parler perdu le 18 Novembre 1730, le 10 Février, perd l'œil gauche au mois de Mars de la même année. On fait pour elle une neuvaine à M. Pàris : le 19 Mars elle se trouve plus mal ; le 21, convulsions douloureuses au bras droit ; le 23, douleurs universelles dans tout le corps, recouvrement de la vue : les objets paroissent d'une grandeur épouventable & reviennent ensuite à leur grandeur naturelle. La guérison fut complète.

SURDITÉ depuis 22 ans.

Marguerite Taurrin, les crises ont rendu l'ouie moins dure, chez M. Giraud.

Mlle. *Brossar*, âgée de 7 ans ; elle entend mieux : on espère une guérison complette. Lyon, chez M. Orlut.

L'OUIE.

Surdité de naissance.

Mlle. *Coulon*, agée de vingt-sept ans, recouvre l'ouie & la parole le 34 Août 1731.

Catherine Bigot.

PARALYSE.

Lonna la Granda, àgé de 60 ans, étoit paralysé de la cuisse & de la jambe gauche avec douleurs

PARALYSIE.

Marie-Anne Couronnau, frappée d'apoplexie le premier Novembre 1730, & huit jours après, de

aigues, arrivé à B. le 19 Mai, partit la 12 Juin; il étoit ſuceptible de criſes. B.

Edme Deniſet. Paralyſie du bras gauche, depuis ſix ſemaines; au traitement de M. Giraud, il s'eſt ſervi de ſon bras & de ſa main le troiſième jour. GIRAUD.

Pierre Denis, depuis dix ans attaqué d'une hémiplégie parfaite du côté gauche; après avoir eſſayé inutilement tous les remèdes propoſés par les gens de l'art, comme par les empyriques, fut admis au traitement magnétique le 28 Mai dernier; dès les premiers jours, il ſentit des des douleurs vives à l'épaule & au bras, ſenſations qui augmenterent ſucceſſivement, & devinrent générales ſur les parties paralyſées; il fut, avant la fin de Juin, dans le cas de marcher avec aſſez de liberté, & de mouvoir ſon bras, le portant en avant, en arrière & ſur ſa tête; il ne manque plus à ſon parfait rétabliſſement que le mouvement de la main & la facilité d'étendre les doigts qui ſont dans un état de criſpation : il y a tout lieu d'eſpérer que la continuation du traitement diſſipera en plein le reſte de ſes infirmités.

paralyſie complète ſur le pied, la jambe & la cuiſſe du côté gauche, avec perte de la parole, guérie dans un inſtant, le 13 Juin 1731. 9 pièces juſtificatives.

Mlle. *Hardoiun.* Paralyſie ſur les jambes depuis ſix ans, percluſe enfin de tout le corps, excepté de la main droite, guérie ſubitement le 2 Août 1731.

Paralyſie univerſelle,

Marie-Marthe Joblot, Sœur de la Charité, à Nevers; elle avoit eu alternativement ſommeil & aſſoupiſſement. Le premier Septembre 1731, la paralyſie fut univerſelle : les eaux firent quelque effet, mais au retour, la paralyſie ayant recommencé, le médecin aſſure que la malade étoit déſeſpérée; elle commence une neuvaine le 17 Octobre & ſe trouve guérie le 25.

Il y a quelques détails intéreſſans dans cette relation qui nous indiquent l'agent qui a produit cette guériſon.

La Malade étoit à Nevers, & voulant imiter ce qui ſe paſſoit à St. Médar, elle ſe trouvoit tous les jours dans une chapelle de l'égliſe ; elle ſe renverſoit de ſon long ſur le marchepied de l'autel, & ſe figuroit être ſur le marbre ſalutaire élevé au deſſus de l'heureuſe terre qui renfermoit les dépouilles précieuſes de M. Pâris. Le même agent eſt encore très-bien indiqué dans les circonſtances qui ont accompagné la guériſon de Made. Marguerite Loyſet, dite de St. Clotide, religieuſe du calvaire.

Toux conſidérable avec oppreſſion de poitrine. La malade fut ſaignée ſept fois & ſe trouva trop foible pour qu'on pût riſquer la huitième ſaignée.

Il y avoit, dans ce couvent, une convulſionnaire, actuellement en convulſion ; elle entre dans la chambre de la malade, & préſente à Madame Clotilde de la terre du tombeau ; la malade en mangea quatre fois. La convulſionnaire met de cette terre dans de l'eau, & lui fait boire cette eau à ſept repriſes différentes : elle paroiſſoit ſouffrir la plus grande partie des maux de la malade. Le jour de la guériſon, elle eut beaucoup d'agitation, éprouva des tremblemens, ſe mit à genoux, ſe coucha à terre, parla ſur ce qui alloit arriver; elle ſe traîne enſuite, ſur le dos, juſqu'à la porte, & s'arrête ſur l'eſcalier : elle rentre enſuite, le corps à moitié dans la chambre, couchée ſur le dos; elle ſe lève, & dit qu'elle ne pouvoit entrer, en s'écriant: quels ſont donc les obſtacles qui m'empêchent d'entrer? Après avoir fait une courte prière, elle ſe leva avec un air de majeſté, s'approcha du lit de la malade, mit la tête ſur les carreaux, ſe releva à genoux, & dit à la malade: ma ſœur, levez-vous au plutôt, ſortez de ce lit de mort; ce que Madame Clotilde fit dans l'inſtant, étant parfaitement guérie. Cette guériſon extraordinaire eſt certifiée par M. Renaume, médecin, par M. Hurbat, chirurgien; les détails ſont atteſtés par toute la communauté.

La difficulté que la convulſionnaire éprouve, lorſqu'elle veut entrer dans la chambre de la malade, eſt analogue à ce qui ſe paſſe dans un traitement de cette ville : on trace une ligne circulaire ſur le plancher ; on magnétiſe l'eſpace qu'elle renferme, & une fille ſomnambule qu'on y place ne peut, dit-on, en ſortir, à moins que le charme ne ſoit levé.

Tremblement convulſif & douloureux.

Pierre-André Bauvais, arrivé le 19 Mai, partit le 27, ſans ſouffrance & ſans

Tremblement convulſif.

Aimée Pivert. Tremblement convulſif de la tête, de bras & de la jambe gauche, en 1726 juſqu'en

baton ; il eſt retombé 13 jours après & n'étoit pas encore gueri lorſque le détail des cures de Buzancy a été imprimé.

Jean-Pierre Gendarme, habitué à un uſage immodéré du vin, atteint depuis ſept ans de tremblemens conſidérables des extrémités ſupérieures. Ces tremblemens ſe ſont propagés aux extrémités inférieures, & ſe ſont tellement augmentés depuis un an, qu'il peut à peine marcher & relever ſes bras.

Dans cet état, il a été admis le 15 de ce mois au traitement magnétique, & ſous cette dernière quinzaine, il a gagné aſſez pour pouvoir marcher avec un peu plus de fermeté, & être bien moins affligé du tremblement des bras.

GIRAUD.

Dépôt au ſein à la ſuite d'une couche.

Roſe, *femme Lelieu*, arrive à Buzancy le 30 Mai ; le ſein a percé en huit endroits au bout de huit jours, & le 13 Juin elle eſt partie ſans enflure.

Anne, *femme Mazela*, avoit des glandes au ſein, avec douleurs

1730 qu'il diminua un peu ; mais il y eut paralyſie & il lui falloit deux bequilles pour marcher.

Miſe ſur le tombeau le 12 Juillet 1731, elle eut des ſecouſſes ſi violentes, qu'on crut qu'elle étoit poſſedée. Le jeudi 19, elle fut très-mal. M. Winslow la blama d'avoir fait une neuvaine : elle en recommença une ſeconde le 25 Juillet, & le premier Août elle fut encore plus mal ; elle fit une troiſième neuvaine le 3 Août ; étant ſur le tombeau elle ſentit, dans la cuiſſe gauche une très-grande douleur ; elle deſcendit de la tombe, ſe mit deſſous & ſe frotta le côté gauche avec la terre du tombeau, & elle fut guérie.

CANCER.

Mlle. *Coirin*. Cancer au ſein du côté gauche depuis douze ans, paralyſie du même côté, guérie ſubitement la nuit du 12 au 13 d'Août 1731, par l'application de la terre du tombeau, & d'une relique de M. Paris. 20 pièces juſtificatives.

elle eſt beaucoup mieux, elle ſouffrit dès les premiers jours des criſes douloureuſes, ſpaſmodique & très-vives à la partie malade; ſon état eſt amélioré. GIRAUD.

VOMISSEMENT.

Mlle. *de Boiſſieu*, âgée de 22 ans. Ce vomiſſement qui duroit depuis trois ans avec des dechiremens dans l'eſtomac & une chaleur dévorante, avoit ſuccédé à un rhumatiſme. Le vomiſſement a ceſſé, & elle eſt depuis cinq ſemaines au traitement, à Lyon, chez M. Orelut. On regarde la guériſon comme aſſurée.

Rhumatiſme général.

Le Fils de M. le Marquis de Meximieux, âgé de onze ans, avoit eu, dès ſa plus tendre jeuneſſe, un rhumatiſme général; dans les retours qui étoient fréquens, il ſurvint une douleur aigue dans la poitrine avec fièvre & oppreſſion violente. La douleur ceſſa par les véſicatoires, mais il ſurvint une palpitation de cœur continuelle & un gon-

Mde. HERO?

Vomiſſement de ſang.

Marguerite-Françoiſe Duchaine avoit une fièvre coutinue depuis cinq ans, vomiſſement de ſang depuis trois, mal de côte continuel, paralyſie du côté gauche, hydropiſie générale, &c. L'hémorragie & la fièvre ceſſent ſur le tombeau, le 16 Juillet 1731: la voix revint le 17; le 18, le mal de côté diſparoît, & le 19, la malade n'eſt plus enflée. 33 pièces juſtificatives.

Rhumatiſme goutteux général.

Nicole-Dominique Germain, âgée 65 ans, avoit tout le corps plié, ne pouvoit ſe trainer qu'avec douleurs; appuyée ſur une bequille du côté droit, elle tenoit un baton de la main gauche. Les douleurs allèrent toujours en augmentant; elle fut obligée de garder le lit pendant près de ſix mois. Guérie le

ſiement à la rate. M. Orelut ſupprime un cautère, & magnétiſe cet enfant, qui, deux jours après, fut en état de ſe rendre au traitement. La palpitation eſt diminuée, la reſpiration eſt plus facile, l'apétit eſt revenu, & tout promet une guériſon prochaine. A Lyon.

Deſcentes.

Henri Foyard, âgé de trois ans, arrivé le 17 Mai à Buzancy, en partit le 2 Juin. Les parens ont aſſuré que la deſcente n'étoit plus apparente & que l'enfant ne ſouffroit plus.

Quoique je n'ai pas trouvé d'autres exemples de deſcentes guéries par le magnétiſme animal, il paroît qu'il ſeroit auſſi efficace pour cette maladie que le tombeau de M. Paris; car l'auteur des réflexions paroît aſſurer, *page* 1[illegible], que dans le cas des hernies on a procuré le replacement du viſcère ſans attouchement, & on trouve encore dans la même page, qu'un mal de gorge très-violent, une eſquinancie, ſe réſolvoit ſous l'action magnétique; qu'une entorſe ſe guérit par

21 Juin 1731, les derniers jours de la neuvaine qu'on faiſoit pour elle.

Deſcentes & abcès.

Claude-Deniſe Duclos, guérie parfaitement après deux mois de convulſions. La decente qui étoit l'effet d'une chute faite à l'âge de cinq ans, duroit depuis 23 ans: elle avoit encore un abcès dans le ventre, occaſionné par un coup. Guérie à la troiſième neuvaine, de la deſcente après des convulſions. Les convulſions ceſſerent le 18 Février 1732, & l'abcès fut guéri.

Deux deſcentes & un rhumatiſme goutteux.

Mlle. *Geofroi*, guérie en faiſant une quarantaine à St. Médard. Elle ſentit, un jour qu'elle étoit couchée ſur le tombeau, un mouvement doux & agréable dans l'épine du dos, à la

le même procécé, & toujours sans contact, & par la seule direction de cette action forte & salutaire sur les parties affectées.

Convulsions.

M. l'Abbé *Arnaud* étoit attaqué, depuis six mois environ de convulsions extraordinaires & presque continuelles aux extrêmités inférieures. Cinq semaines de traitement ont fait cesser tous les accidens, & font espérer une parfaite guérison. *A Lyon, chez M. Orelut.*

Les Dlles. *Montaland* avoient, depuis un an, des convulsions terribles occasionnées par une frayeur; les accès étoient fréquens: depuis un mois & demi qu'elles vont au traitement, le changement est si heureux, que le bruit ne leur

hanche gauche, & un craquement dans les os.

Descente, hydrocele, & fièvre continue depuis cinq mois.

Le Fils de M. *Teissier*, président au siége de Blois. Cet enfant qui avoit dix ans, fut frotté avec la terre du tombeau & on fit une neuvaine pour lui; le troisième jour la fievre le quitta; il fut gueri le huitième: certificats du médecin, chirurgien & de l'apoticaire.

Convulsions.

Jeanne-Marguerite Tilleule attaquée de convulsions terribles vers la fin ce 1723, jusqu'à vingt fois par jour. Après quatre mois de relache procuré par les remèdes, les accidens recommencèrent en 1730: ils redoublerent au mois de Janvier 1731. La maladie fut enfin déclarée incurable. Guérie à St. Médard, en 1731, dans le mois de Juillet.

fait plus éprouver de convulſions. *A Lyon, chez M. Orelut.*

Le magnétiſme animal guérit les convulſions, & donne des convulſions pour opérer des guériſons. Il en étoit de même à St. Médar : un des exemples les plus frappans de ce pouvoir du tombeau de M. Pâris, eſt la cure de François Bigaud, orfévre à Paris.

Mathieu Loiſelle, ſouffrant depuis dix années d'accès journaliers & très-fréquens, de violentes criſpations dans l'eſtomac, qui ſe propageoient, au dos, aux reins & aux inteſtins, & qui lui donoient des ſpaſmes qui l'obligeoient à ſe rouler par terre, a été admis au traitement de M. Giraud : le ſixième jour le malade a eu des évacuations par les ſelles ; il a eſſuyé par les procedés magnétiques, des criſes ſpaſmodiques fort douleureuſes, qui lui laiſſoient un bien-être pour toute la journée : preſque tous les ſymptômes douleureux ont diſparu, & il ne doute pas, au moyen de ſon aſſiduité, qu'il ne ſe trouve parfaitement rétabli.

Genevieve Cheval avoit une paralyſie du bras avec

Il avoit un rhumatiſme goutteux dégénéré en paralyſie ; il ne pouvoit s'aider du bras droit ; les genoux avoient des nodus ; il ne pouvoit ſe plier. Ayant eſſayé de plier les genoux, il ſentit un craquement ſuivi de grandes douleurs dans la poitrine ; il s'étoit contenté de faire ſes prières à St. Médar & ne vouloit rien faire de plus, ne voulant pas ſe donner en ſpectacle, & les convulſions n'étant pas de ſon goût. Enfin on le met ſur cette tombe : & la ſeconde fois les convulſions commencèrent, & ont duré depuis le 19 Octobre ſans interruption, juſqu'au 22 Novembre 1731, à la réſerve de 9 jours qu'il en fut exempt, & qu'il guérit. Le quatrième doigt eſt néanmoins reſté plie ; il éprouva

hébétation de tous sens, tant internes qu'externes : admise au traitement de M. Giraud, elle n'en sentit les effets, les six premiers mois, que par des spasmes & des commotions violentes sur-tout à la tête, auxquelles ont succédé des crises convulsives & générales, le marasme du bras est diminué, la malade s'en sert; elle souffre encore des tiraillemens douloureux dans le cou & les épaules, avec de légers étourdissemens que l'on espère voir bientôt dissipés par son assiduité au traitement.

Hydropisie ascite.

Marie-Anne Mielle a eu la ponction trois fois : les symptômes ascitiques s'étant manifestés de nouveau, on l'admit au traitement au mois d'Avril ; les attouchemens causèrent des douleurs & des spasmes dans le bas-ventre, qui se sont déterminés en crises convulsives. La ponction a été faite pour la quatrième fois, le premier Juillet, après laquelle les premières crises ont été très-violentes ; elles se sont calmées en raison de la plus de cent cinquante convulsions, tant sur le tombeau, que chez lui, dans l'église, & ailleurs.

Hydropisie & lait répandu.

Marie-Madelene Bridan, guérie en 1732 après de fortes convulsions qu'elle essuya pendant sa seconde neuvaine.

Hydropisie.

Marguérite Lieusset, hydropique à la suite d'une retention d'urine, guerie sans convulsions.

Mlle. *Fourcroi*, guérie également sans convulsions.

résolution des duretés du foie, de la rate & du mésentère. Les urines coulent abondamment, & on espère une prompte & parfaite guérison. GIRAUD.

Tumeurs écrouellées.

Marie-Jeanne Bugée avoit des tumeurs de cette espèce au cou & aux aines; plusieurs étoient ulcerées; elle est entrée au traitement de M. Giraud. Dès la première semaine, elle fut très-sensible aux attouchemens qui lui procurerent des crises spasmodiques au bas-ventre, au cou & à la tête: l'état des ulceres est amélioré, & les glandes sont diminuées.

Dartres érysipléateuses.

M. *B.* Cette dartre occupoit une partie des jambes du côté gauche avec douleur & inflammation; dans un mois de traitement, chez M. Orelut, le principe dartreux a été détruit par l'influence du magnétisme animal.

Abcès à la rotule.

Louis Quentin, âge de 24 ans, gueri au moyen du magnétisme, à Buzancy, en six jours.

Humeurs froides dégénérées en ulcères.

Angélique Gueru, guerie le 28 & le 29 Juillet 1731 à St. Médar.

Maretin, le Fils. Humeurs froides avec plaie à la jambe, & talon rongé.

Dartres vives & ulcérées.

Mlle. *du Moulin.* Il s'étoit formé tout autour de cette dartre un bourrelet d'un rouge foncé, de deux lignes de hauteur: l'espace renfermé dans ce bourrelet paroissoit imbibé d'une humeur cancereuse. Guérie par l'application d'une relique de M. Pâris.

Abcès à la tête.

Mde. *de Rousieres*, guérie après neuf jours de convulsions.

Abcès à la jambe gauche.

Pierre Tardi, âgé de ſoixante-deux ans, ne pouvoit marcher à cauſe de cet abcès; guéri à Beanbourg en Brie, par lu moyen d'un arbre magnétiſé.

Ulceres.

Pierre le Bo, marchand fripier, avoit trois ou quatre ulcères en forme de loupe à la jambe gauche; il avoit fait beaucoup de remèdes pendant dix-huit mois. Comme ſon mal augmentoit, il eut recours à M. Pàris; il fut guéri par application & en faiſant une neuvaine.

Epilepſie.

Pierre Maroteau Rochedean, attaqué d'épilepſie par une frayeur, fut électriſé ſans ſuccès. Admis au traitement, les accès ont été dans le commencement aſſez irréguliers. Du pre- Mai juſqu'au 13, depuis le 13 juſqu'à la fin de Juin: du premier Juillet juſqu'au 15, ſans accès: une nouvelle frayeur lui en procura de nouveaux, mais très-foibles & très-courts. Depuis 9 jours il n'en a eu aucun. GIRAUD.

Epilepſie.

Jacques-Pierre Dondé, âgé de 48 ans, attaqué d'apoplexie le 7 Juin 1725; au mois de Novembre 1726, tomboit en épilepſie tous les jours pendant huit mois; les accès étoient de deux heures; il commence une neuvaine le 18 Juillet 1731, tombe en épilepſie ſur le tombeau: guéri & de l'épilepſie & des ſuites de ſon apoplexie, le 20 Juillet.

Parmi le très-grand nombre de cures dont M. de Montgeron donne l'hiſtoire, j'ai choiſi celles qui ont de l'analogie avec les guériſons magnétiques. On objectera peut-être, que la parité ne peut être admiſe, l'égliſe ayant rejetté les premières, & le gouvernement ayant fait fermer le lieu où elles s'opéroient. La réponse se présente naturellement. On vouloit que ces cures fussent des miracles; elles n'en avoient pas le caractère; le concours étoit prodigieux; le fanatisme devenoit épidémique; l'autorité sage en arrêta le cours.

La philosophie les envisage sous un autre point de vue : sans les supposer toutes chimériques, elle y retrouve des preuves du pouvoir d'une faculté intellectuelle dont je citerai, plus bas, des exemples: elle s'appuie sur le passé, le compare au présent, & reconnoît que, dans tous les tems, l'imagination a eu la plus grande influence sur le corps humain. En y joignant la loi de l'imitation & l'action lente des remèdes qui avoient précédé l'intercession de M. Pâris, elle se rend raison de ses guérisons; elle en reconnoît de réelles; elle recuse celles qui n'ont pas le degré de certitude morale nécessaire pour les faire admettre : le magnétisme animal a un pouvoir de plus, l'attouchement. Avec ces trois forces réunies, les guérisons auroient dû être plus nombreuses; cependant les partisans de ce système, du moins ceux que l'enthousiasme n'aveugle pas, citent plus de soulagemens que de cures: quelle peut être la cause de cette différence entre deux moyens de guérison qui ont néanmoins tant d'analogie? le desir de notre conservation conduisoit au tombeau de Pâris: les motifs qui agiſſoient ſur l'imagination, qui en mettoient les reſſorts en jeu, avoient la plus grande énergie ; ils avoient une baſe ſacrée, la toute-puiſſance de l'être ſuprême ; on croyoit qu'elle ſe manifeſtoit, parce qu'elle en a le pouvoir. Le même deſir nous entraîne au magnétiſme, & nous fait aſſeoir autour des baquets ; mais les motifs qui ébranlent alors l'imagination, n'ayant pas la même baſe, n'ont pas la même efficacité : ainſi cette faculté intellectuelle eſt néceſſairement moins exaltée : telle eſt la différence des effets produits par le même reſſort, déployé avec une inégale activité.

M. le Court de Gebelin a cru retrouver au tombeau de M. Pâris, & dans les convulſionnaires, les vertus & les principes du magnétiſme animal ; mais une tombe froide & inanimée, de la terre priſe ſur cette tombe, des lambeaux de vêtemens qui avoient appartenu au diacre, peuvent-ils être aſſimilés avec l'influence générale de tous les corps, & avec un fluide univerſel ? l'imagination & l'imitation, voilà leur point de réunion : cette faculté puiſſante produit les effets les plus oppoſés : elle peut également mettre le déſordre dans l'économie animale, comme elle peut le faire ceſſer. (*)

Un homme qui ſe croyoit hydropique, a été guéri par l'adreſſe de ſes amis qui, pour ne pas le contrarier, firent retrecir ſes habits ; ils l'engagerent à

Dans le tems que M. Ratz le père étoit médecin de l'hôpital de la charité de cette ville, le bureau d'adminiſtration fit un réglement qui déplut aux filles de la maiſon; pluſieurs tombèrent en convulſions dans la même journée.

Vous pouvez encore, Monſieur, vous rappeller le ſtratagême imaginé par un Anglois de l'iſle de Saint-Chriſtophe, pour ſauver ſes nègres qui ſe pendoient les uns après les autres, (*Voyageur François*, *tom. II*, *p.* 196.)

---

prendre quelques remèdes indifférens, après leſquels on élargiſſoit chaque jour ſes vêtemens. La guériſon fut la ſuite de cette complaiſance. On connoît la révolution arrivée au fils de Creſus, muet de naiſſance.

M. Hequet parle d'un homme qui éprouva une douleur violente au talon, & qui reſta boiteux toute ſa vie, pour avoir vu malheureuſement trainer ſur le pavé un domeſtique acroché par le talon à un des crampons dont on avoit armé le derrière d'un caroſſe pour empêcher d'y monter. Le même ſavant parle d'un vieillard qui s'étant couché avec les cheveux noirs, ſe leva avec les cheveux blancs, parce qu'il avoit rêvé qu'il étoit condamné à un cruel ſupplice.

Un homme âgé de trente ans, ſain & robuſte, rêve qu'un Polonois lance une pierre contre ſa poitrine, & & s'éveille avec une marque ronde & noire de la grandeur du point placée ſur le même endroit. Un chirurgien craignant la gangrene, fit des ſcarifications, & la bleſſure fut guérie quelque tems après. (*Éphem. germ. dec. obſervation.* 138, *pag.* 222.)

Jean Philippe Burgraw, médecin à Francfort-ſur-le-Mein, cite un médecin qui ſuoit des mains par l'effet ſeul de ſa volonté. L'expérience fut répétée en préſence de Fréderic III. Vous pouvez voir, Monſieur, dans

N'oubliez pas ce criminel condamné à être roué à Toulouſe, & qui tomba en catalepſie à la lecture de ſon arrêt; & ceux qui ſont morts, en croyant qu'on alloit leur couper la tête, quoique le bourreau ne les eût frappés qu'avec un linge mouillé.

Je ne vous citerai pas M. Chirac, qui a guérit, à la Rochelle, une dame qui ſe croyoit attaquée de la peſte, en lui perſuadant qu'elle ne l'avoit pas, & qu'elle ſe

---

le Traité *de Exiſtentiâ ſpirituum nervoſorum*, différens exemples de maladies occaſionnées par la ſeule puiſſance de l'imagination.

J'ai vu, dit le pere Gaſpard Schot, dans une ville de Sicile, un jeune homme qui, dans un accès de fièvre violente, ayant parlé avec indécence, & s'en étant apperçu, eut un mouvement violent de colère qui lui procura une ſueur qui le guérit. *Mirabilia hominum, lib. III, pag.* 456.

Un frénétique prioit inſtamment ſon médecin de permettre qu'il ſe baignât, & qu'il ſe mît à la nage dans un étang qu'il montroit : c'étoit le pavé de la maiſon. En ſe roulant ſur ce pavé, il crut avoir de l'eau ſucceſſivement juſqu'aux genoux, juſqu'à la ceinture, & même juſqu'au cou. Dans cette dernière circonſtance, il s'écria qu'il n'avoit plus de fièvre. Le médecin s'étant approché, le trouva guéri. (*Jucund. quæſt. camp. quart.* 16.

Un homme qui avoit beaucoup d'embonpoint étant malheureuſement arrivé au moment de l'ouverture du cadavre de ſon frère qui étoit auſſi gros que lui, fut ſaiſi de peur, & tomba à demi-mort. Le chirurgien s'aviſe de dire qu'il alloit ſe preſſer d'ouvrir le premier pour opérer ſur le ſecond : ce dernier, épouvanté, ſe leva & prit la fuite.

leveroit dans deux ou trois jours : l'imagination ainsi rassurée, la mort perdit sa victime. On trouva, dans le numéro 13 des *Observations sur les maladies régnantes*, une contorsion par sorcellerie, qui prouve le double pouvoir de l'imagination, pour occasionner une maladie & pour la guérir. (*)

Les cures opérées par le magnétisme animal, fussent-elles toutes réelles, auroit-on le droit de les attribuer à l'onction du fluide de M. Mesmer ? " Un jeune homme „ attaqué de mouvemens convulsifs, avoit „ fait plusieurs remèdes & pris deux fois „ les eaux de Bourbon : on lui conseilla de „ porter sur lui une pierre d'aimant : l'effet „ fut si prompt, que se trouvant très-agité,

(*) La femme d'un charpentier de cette ville, rue de la Barre, âgée de 24 ans, vive & robuste, est attaquée au mois d'Octobre 1771, de contorsion avec délire furieux, après s'être querellée violemment avec une vieille femme qui passoit dans le quartier pour sorcière. Les imprécations affreuses dont la vielle chargea la jeune femme en se retirant, lui font croire que cette maudite sorcière lui a jetté un sort. Vivement frappée de cette idée, & enflammée de colère, elle entre chez elle triste & rêveuse : à peine est-elle assise, qu'elle se leve furieuse ; elle dechire ses vêtemens ; elle fait mille contorsions plus horibles les unes que les autres ; elle ne reconnoît ni ses enfans ni son mari ; elle veut attenter à ses jours & à ceux de toutes les personnes qui l'environnent. On l'attache sur son lit : appellés pour secourir cette pauvre malheureuse, nous lui prescrivons un bain d'eau froide : on l'attache dans le bain ; elle y reste vingt-quatre heures, malgré le tremblement con-

„ lorſqu'on lui mit cette pierre dans les „ mains, l'agitation ceſſa, & il put aller ſe „ promener. „ (*Mercure de Juillet* 1726, *pag.* 550.) Il faudroit donc regarder le fluide qui traverſe l'aimant comme un ſpécifique contre les convulſions. Evitons de tirer des conſéquences générales des faits particuliers ; elles ſont très-dangereuſes, ſur-tout quand elles peuvent accréditer un remède: que de poudres, de purgatifs, de pillules, d'élixirs, de ſirops, &c. circulent dans la ſociété, parce que tous peuvent avoir ſoulagé ou guéri !

Les procédés magnétiques agiſſent ſur le corps humain, on ne peut en douter. « Lorſ„ que M. de Juſſieu ſubſtituoit, au contact

---

tinuel, les cris aigus & les efforts prodigieux pour en ſortir : l'eau fraiche qu'on renouvelle de demi-heure en demi-heure, augmente le tremblement & les efforts. Mais le bain diminue ſenſiblement les grimaces, la contorſion & le délire ; dès qu'elle nous voit, le délire & les fureurs s'accroiſſent.

Nous la trouvons le troiſième jour guérie : ce changement ſubit étoit l'effet des manœuvres de la vieille ſorcière, qui ayant fait éteindre les lumières, n'ayant conſervé que celle de ſa lampe, & fait retirer les aſſiſtans, ſe mit à faire mille contorſions autour du bain où étoit la malade ; elle prononça pluſieurs mots inintelligibles, toucha pluſieurs fois la tête de l'enſorcelée, & ſe retira. Ceux qui l'obſervoient à travers le trou de la ſerrure, apperçurent, au milieu de la chambre, un feu clair, produit vraiſemblablement par l'eſprit de vin enflammé. Depuis ce tems il n'eſt ſurvenu à cette jeune femme, ni délire, ni convulſions.

„ léger, une pression considérable ou un „ frottemrnt trop fort, il excitoit plus sou„ vent des convulsions; des douleurs vives, „ & rarement une crise terminée par une „ évacuation. „ (*Rapport de l'un des commissaires*, *pag.* 16.) L'influence de la région épigastrique sur le corps humain, & sur-tout sur le cerveau, est démontrée par une foule d'observations; comme le diaphragme joue un grand rôle dans cette partie, un frottement continué pendant quelque tems, & réuni avec l'application des mains, est capable d'une action puissante, quoique sa cause soit, en apparence, légère. On n'agace jamais en vain le genre nerveux, sur-tout dans les personnes très-irritables. Ne soyons donc pas surpris de ces espèces de catalepsie & de somnambulisme, occasionnés par le magnétisme. Les causes morales ont une influence réelle : l'imagination passive, qui a persuadé à tant d'hommes qu'ils étoient obsédés, la puissance de l'imitation, voilà les causes qui concourrent aux effets singuliers qui succèdent à l'attouchement des magnétiseurs. « La première convulsion qui „ parut au tombeau de M. Pâris, fut visible„ ment, dit M. Hequet, l'effet de l'imagina„ tion. L'abbé Becheran étoit fortement „ persuadé que Dieu alloit opérer sur lui „ un miracle éclattant: la guérison manqua, „ mais les convulsions lui restèrent pendant „ cinq ou six mois. Ces affections nerveuses,

„ d'abord affez rares, fe multiplièrent au „ point que, dans moins de deux ans, il y „ eut à Paris plus de 800 convulfionnaires. „

Le danger de l'imitation avoit fait exclure anciennement les épileptiques des affemblées publiques. M. Thouret a cité plufieurs exemples qui prouvent la réalité de la loi de l'imitation : j'en citerai un moins connu. On amena, en 1698, dans un hôtel-dieu de la Nouvelle-France, une fille qui avoit un hoquet convulfif : quatre filles, qui étoient dans la même falle, furent, trois jours après, attaquées du même hoquet : il fallut les féparer & les menacer de la difcipline pour le faire ceffer. Les émotions qu'on éprouve au fpectacle, font des preuves connues des impreffions que l'ame peut recevoir par l'organe de l'ouie. Dieu a doué ce fens, ainfi que celui de la vue, d'une fenfibilité fi exquife, que leurs rapports inconnus avec notre ame, nous font fouvent éprouver des fenfations analogues à celles dont nous fommes témoins, & nous font frémir par le récit des malheurs : ce don précieux qui refferre les liens des individus, ne permet pas, aux ames fenfibles, de foutenir d'un œil indifférent, le fpectacle d'un homme fouffrant, ni d'entendre de fang-froid le détail animé des douleurs d'autrui.

Ces moyens moraux & phyfiques, prefque toujours réunis dans les falles du traitement magnétique, ont pu diminuer l'intenſité d'une maladie & même la diſſiper. En publiant l'efficacité de ces procédés, on auroit été utile ; mais on a voulu, dit M. de Juſſieu, étayer le traitement magnétique d'une grande théorie, interreſſer toute la nature dans ces effets, & prouver l'exiſtence & le pouvoir d'un fluide univerſel par des expériences curieuſes & extraordinaires. Le public ſavant a rejetté, avec raiſon, cette doctrine ; le public qui ne l'eſt pas, l'a reçue avec enthouſiaſme ; & les gens de lettres l'ont protégée : il ſuffit de jetter un coup-d'œil ſur les ouvrages publiés pour & contre le magnétiſme, pour être frappé de cette bizarrerie.

On trouve, d'un côté, un ſommaire en trois parties, dont le rédacteur paroît avoir été préſent au moment de la création, une lettre de M. Gebelin, une du père Hervier, une de M. Moulinié, les réflexions impartiales, les doutes affirmatifs d'un provincial, les queſtions d'un jeune docteur de vingt-cinq ans, & qui ne vont pas au-deſſus de ſon âge, des obſervations, un prétendu ſupplément au rapport de MM. les commiſſaires, enfin l'analyſe de M. Bonnefoy : de l'autre côté, les recherches & les doutes ſages & vraiment philoſophiques de M. Thouret, un rapport de la faculté réunie avec cinq membres de l'académie des ſciences, un ſecond rapport de la ſociété royale, & tous faits par ordre du Roi ; enfin celui de M. de

Juſſieu. Oui, Monſieur, ce rapport iſolé confirme celui de MM. les commiſſaires.

Rapport de M. de Juſſieu.

On nous a comuniqué, dit ce ſavant, des procédés au moyen deſquels nous pouvions exciter des ſenſations pareilles à celles dont nous étions témoins. Mais la variation des effets nous a fait ſoupçonner une cauſe variable, différente de celle qu'on nous annonçoit; c'eſt-à-dire, d'un fluide univerſellement répandu dans tous les corps animés, & s'échappant par tous les points de leurs ſurfaces, *page* 4. " A l'égard de la ſympathie „ des perſonnes en criſe, rien n'a pu me „ forcer à croire que ces ſcènes n'étoient „ point produites par l'imagination, par un „ agent mutuel, par l'effet d'une liaiſon anté- „ rieure, ou d'un caractère officieux, *page* „ 12. Quant aux expériences de meubles „ & vaſes magnétiſés, de ſenſations opé- „ rées par la réflexion des glaces, elles ne „ m'ont jamais paru aſſez ſatisfaiſantes pour „ y attacher quelque valeur, *page* 16. „

Ce rapport ne diffère point, juſqu'à préſent, de celui de MM. ſes collègues. " Ce „ n'eſt qu'à *la page* 27 que ſe trouvent „ quelques faits qui ont fait croire à ce ſavant „ qu'il devoit publier un rapport iſolé. Une „ femme dont l'aveuglement avoit été conſ- „ taté, un mois auparavant, par MM. les „ commiſſaires, entrevoyoit confuſément „ certains objets placés à trois ou quatre „ pouces de diſtance. Je profitai d'un mo-

„ ment de tranquillité pour diriger, à la „ diſtance de ſix pieds, une baguette de fer „ ſur ſon eſtomac que je ſavois très-ſenſible. „ Le bruit des voix étoit ſuffiſant pour „ mettre ſon ouie en défaut, & néanmoins „ au bout de trois minutes, elle parut „ inquiète & agitée, & elle aſſura qu'on „ la magnétiſoit. „ Cette expérience, qui a eu deux fois le même ſuccès, ne me paroît nullement concluante : ne pourrois-je pas dire à M. de Juſſieu, pourquoi ne mettiez-vous pas un bandeau, fait avec précaution, ſur les yeux de cette femme ? pourquoi la laiſſiez-vous au baquet en faiſant cette expérience, & pourquoi n'aviez-vous pas écarté les autres malades ?

“ Une malade dont la criſe étoit un ſommeil profond, plus ou moins long, éprou„ voit par intervalles, ſans ſe réveiller, un „ mouvement convulſif paſſager, avec ſou„ breſaut, qui étoit excité ſur-tout par un „ bruit extraordinaire dans la ſalle, par le „ cliquetis de deux fers rapprochés, par le „ cri d'une autre perſonne en criſe : les mou„ vemens magnétiques exécutés devant ſon „ viſage, à peu de diſtance, déterminoient „ ſouvent la même convulſion. Je l'ai „ éprouvé pluſieurs fois, & preſque tou„ jours avec le même ſuccès, obſervant que, „ dans le même tems, aucun bruit étranger „ n'avoit pu produire cet effet. „ *pag.* 29.

Cette dernière circonſtance auroit dû, Monſieur,

Monſieur, vous rendre cette expérience ſuſpecte : le mouvement des fers rapprochés, le cri d'une perſonne en criſe, des mouvemens magnétiques, voilà les agens qui excitoient ce mouvement convulſif. Ce ſommeil qui, ſuivant vous, étoit profond, n'étoit pas néanmoins la ſuite du beſoin, mais l'effet d'une criſe ; ce qu'il eſt important de remarquer. L'ame, pendant ce ſommeil, étoit, en quelque manière, ouverte à tout ce qui appartenoit au magnétiſme animal ; elle étoit comme fermée à tout bruit étranger ; de là cette ſenſibilité qui vous a paru indépendante de l'imagination. Le ſomnambuliſme naturel nous offre pluſieurs exemples analogues à ce phénomène.

" La criſe d'une autre malade étoit un „ ſpaſme général, accompagné de pertes „ paſſagères des ſens, ſans aucun mouve- „ ment violent. La tête étoit portée en avant, „ les yeux fermés, les bras repliés en arrière „ & étendus ſur les côtes, les mains ouver- „ tes, les doigts très-écartés : mon doigt „ en contact ſur ſon front, entre les yeux, „ paroiſſoit la ſoulager un peu : ſi je le reti- „ rois doucement, la tête, quoique n'étant „ plus en contact, le ſuivoit machinalement „ dans toutes ſortes de directions, & venoit „ ſe reporter contre lui. Si, après avoir „ ainſi dirigé ſa tête d'un côté, je préſentois „ mon autre main oppoſée, elle la retiroit „ précipitamment avec le ſigne d'une impreſ- „ ſion vive. „ *p.* 30.

Le genre nerveux eſt dans une grande tenſion dans les perſonnes en criſe, la ſuite eſt une extrême ſenſibilité, & l'effet eſt une grande mobilité. La peau eſt une eſpèce de toile nerveuſe qui, dans cette circonſtance, c'eſt-à-dire, dans une perte paſſagère des ſens, étoit ſuſceptiblede la plus légère impreſſion, même du déplacement de l'air en contact avec la malade. Comme il participe de la chaleur animale, il eſt rarefié, & dès-lors, l'air plus éloigné tend à le déplacer; le moindre mouvement du pouce facilite ce déplacement & produit un effet qui ſeroit inſenſible, il eſt vrai, dans l'état ordinaire, mais qui ſe fait ſentir ſur la peau de quelqu'un dont l'imagination n'eſt plus occupée par les objets extérieurs. Je ne peux donc conclure avec vous, que ces trois faits ſuffiſent pour faire admettre la poſſibilité ou l'exiſtence d'un fluide qui ſe porte de l'homme à ſon ſemblable, & qui exerce quelquefois, ſur ce dernier, une action ſenſible.

“ Vous nous donnez enſuite, *page* 35, „ ſous le nom de réflexions, une théorie de „ laquelle il réſulte que la chaleur animale „ peut être la cauſe des effets produits par „ le magnétiſme. Vous lui aſſociez le fluide „ électrique : pouſſé, dites - vous, par une „ force impérieuſe, ce fluide ſe jette avec „ impétuoſité ſur les corps privés d'électri- „ cité, & s'échappe, avec le même effort, de „ ceux dans leſquels il eſt accumulé. „ Ces faits ſont certains, ſi vous parlez du fluide ſoumis à nos expériences; il n'en eſt pas de même s'il eſt queſtion d'un fluide répandu dans l'athmoſphère.

Eſt-il vrai que tout être vivant ſoit un véritable corps électrique conſtamment imprégné de ce principe actif? Eſt-il vrai que, lorſqu'un aveugle diſtingue le voiſinage des arbres, il faille ſuppoſer une athmoſphère aſſez conſidérable & aſſez étendue pour imprimer une ſenſation particulière? Enfin, ſeroit-ce encore le fluide électrique qui ſeroit le véhicule des émanations, tantôt odorantes, tantôt peu ſenſibles? Ces principes phyſiques ne ſont pas univerſellement avoués, pour ne rien dire de plus; la nature n'auroit-elle point chargé le phlogiſtique de nous apporter les particules odorantes? cet examen m'écarteroit de mon ſujet; je reviens à vos réflexions ſur la chaleur.

“ On conçoit que le principe de la chaleur „ répandue ſur le globe, agit perpétuelle- „ ment ſur les corps; que, s'il n'eſt pas le „ principe du mouvement, il a, comme „ cauſe phyſique, ſur ce principe, une „ action ſenſible & continue; il s'inſinue „ dans les corps, ſoit par une preſſion exté- „ rieure, ſoit par une attraction interne; „ repouſſé au dehors par une force con- „ traire, il entraîne avec lui quelques-unes „ de leurs particules matérielles, & forme, „ avec ces particules, une athmoſphère

„ autour de chacun d'eux, & ſa force d'ex-
„ pulſion ſuffit toujours pour le porter d'un
„ corps à l'autre. Vous ajoutez encore,
„ *pag.* 40, qu'une cauſe paſſagère peut
„ répandre dans tous les corps la chaleur
„ concentrée dans un ſeul point, ou réunir
„ ſur un organe, celle qui étoit repartie
„ entre tous. Si cet effet devient permanent,
„ il en réſulte une altération, un vice dans
„ la conſtitution de l'individu. L'athmoſ-
„ phère particulière des organes viciés, doit
„ ſubir graduellement la même altération;
„ il faudroit un tact très-délicat pour diſ-
„ tinguer ces nuances, en promenant la main
„ ſur la ſurface du corps malade. „

Je laiſſe aux médecins l'examen des cauſes qui peuvent réunir, ſur un organe, la chaleur qui étoit répartie entre tous : mais les athmoſphères particulières ſont un objet qui eſt du reſſort de la phyſique. Il s'échappe certainement, du corps des animaux, des émanations peut-être auſſi variées que la doſe des principes qui les forment : elles ont même été quelquefois apperçues par pluſieurs obſervateurs. (*On peut conſulter le tome V de la Phyſiologie du célèbre M. Haller, page* 52.) Quelle eſt la preuve que ces particules ſoient, ainſi que le dit Boyle, mues avec une très-grande vîteſſe, & qu'elles ſoient capables d'agir avec une grande efficacité ſur l'économie animale? En dirigeant ſur un malade une baguette, un doigt, on feroit donc afluer, fur ce malade, des courans ou de chaleur animale ou de fluide électrique, ou d'un fluide univerfel ? joignons à ces courans celui du fluide magnétique, qui n'eft pas encore reconnu parfaitement identique avec la matière électrique : ajoutons le courant du fluide de la lumière, du fluide ignée : nous voilà avec cinq ou fix fluides mus, felon les apparences, avec des vîteffes très-inégales ; & après avoir travaillé pendant long-tems pour fimplifier la marche de la nature, nous retombons dans l'abus de la philofophie corpufculaire.

« Il exifte, dit M. le comte de Buffon, » dans la matière, une force générale diffé- » rente de celle de l'impulfion, une force qui » ne tombe point fous nos fens & dont par » conféquent nous ne pouvons difpofer, » mais que la nature emploie comme fon » agent univerfel. Cette force imprimée à » toute la matière également, c'eft-à-dire, » proportionnellement à fa maffe ou quan- » tité réelle ; cette force, ou plutôt fon » action, s'étend à des diftances immenfes » en décroiffant comme les diftances aug- » mentent. La chaleur eft une autre force né- » ceffaire à la production des êtres vivans. La » lumière eft une matière vive, douée d'une » élafticité fans bornes. La formation & le » développement des êtres organifés fe font » par le courant de toutes ces forces réu-

„ nies : l'extenſion, l'accroiſſement des corps „ vivans ou végétans, ſuit exactement les „ loix de la force attractive, & s'opère en „ effet, en augmentant à la fois dans les trois „ dimenſions. „ (*Œuvres complettes*, *tome VII*, *page* 35.) Le comment de ces forces eſt encore inconnu, & le ſera malheureuſement toujours.

S'il eſt certain que les plantes & les animaux tranſpirent, s'il eſt certain que les corps odoriférans nous envoient des émanations continuelles, pourquoi l'action des particules animales ne ſe feroit-elle ſentir que lorſqu'on dirigeroit ſes doigts ou une baguette ſur un individu ou ſur une partie viciée de ſon corps ? Un homme eſt au milieu d'un nuage ordinairement inviſible. Cette vapeur ſort de tous les points de ſon corps : ſi elle eſt déterminée en courant rapide, ſi elle participe de la nature du fluide électrique, les perſonnes en contact dans une ſalle de ſpectacle, devroient ſouvent éprouver des accidens de ſomnambuliſme & de catalepſie, ſur-tout les jours que l'aſſemblée eſt très-nombreuſe ; il doit alors s'y trouver des êtres ſenſibles & ſuſceptibles des criſes magnétiques : cependant on n'y ſent le plus ſouvent qu'une impreſſion de chaleur incommode, la ſuite de la chaleur du corps humain ; elle échauffe l'air de la ſalle, & le rend moins préparé à la reſpiration. Outre cette chaleur, il y a des miaſmes peſans qui n'occaſionnent néanmoins ni convulsions, ni somnambulisme, ni catalepsie : cependant il doit s'échapper alors des doigts les mêmes courans qui font sentir leur action, lorsqu'on magnétise ; leur effet devroit être d'autant plus actif, qu'on se touche alors par un plus grand nombre de points. La position des doigts seroit-elle la cause de l'inefficacité de ces courans ? Il reste alors le nez, dont la position se trouve souvent dans une ligne perpendiculaire à la personne qu'on regarde : cet organe, étant terminé par une espèce de pointe, doit jouir du pouvoir que les magnétiseurs attribuent aux doigts.

Qui peut donc empêcher l'action de ces courans ? leur mêlange occasionne-t-il leur impuissance ? Le doigt des magnétiseurs ne devroit donc opérer que lorsqu'ils se trouvent seuls avec celui qu'ils rendent cataleptique & somnambule : ces accidens arrivent néanmoins en présence de beaucoup de spectateurs. Seroit-ce parce que l'ame est occupée & que l'imagination est affectée par une foule d'objets étrangers ? Dans ce cas, cette faculté intellectuelle concourt donc essentiellement à l'action magnétique. Vous avouez, Monsieur, ce pouvoir de l'ame, vous lui associez la médecine d'attouchement pratiquée de tout tems & chez toutes les nations : vous parlez le langage de MM. les commissaires & celui de tous les savans médecins. Vous nous donnez ensuite quelques obſervations ſages & impartiales, ſur les maladies ſoumiſes au traitement magnétique.

“ Il a toujours paru plus nuiſible qu'avan„ tageux aux pthiſiques; ſon action ſur les „ tumeurs ſcrophuleuſes a été très-lente & „ preſque inſenſible; il a ſoulagé, & non „ guéri, une femme hydropique; l'enflure „ du ventre a beaucoup varié, en plus & „ en moins, chez une autre malade; & au „ bout de trois mois, la diminution a été „ peu ſenſible; l'hydropiſie inkyſtée d'une „ troiſième a réſiſté impitoyablement à tous „ les procédés magnétiques: on avoit de „ meilleures eſpérances dans quelques para„ lyſies non invétérées des extrémités; mais „ je ne puis atteſter aucune guériſon com„ plette, parce que je n'ai pas vérifié celles „ qui ont été annoncées dans le public. On „ n'a pas vu que la plupart des malades „ aient tiré un avantage réel des criſes. L'état „ de quelques-uns a peu changé, la diminu„ tion des glandes ſe fait chez d'autres fort „ lentement, mais la moindre cauſe les „ groſſit de nouveau: la répétition trop fré„ quente des criſes eſt encore nuiſible, „ parce qu'elle peut ou déterminer l'éva„ cuation d'une humeur non-préparée, ou „ produire des efforts impuiſſans, ſi l'évacua„ tion n'a pas lieu. „

Vous ſappez, Monſieur, le magnétiſme animal par les fondemens; car vous lui arrachez un grand nombre de maladies, les obstructions même & les paralysies, pour lesquelles il avoit une prédilection particulière. Pourquoi votre rapport n'a-t-il pas eu le même sort que les deux autres? C'est que vous avez admis un agent physique, l'électricité ou la chaleur animale, pour base du traitement magnétique; & quoiqu'il n'y ait pas plus d'analogie entre votre hypothèse & celle de M. Mesmer, qu'entre les géans & les moulins à vent de Don Quichotte, un agent réel sauveroit le magnétisme animal de la chimère des influences, & prouveroit à MM. les commissaires, que ses effets ont d'autre cause que l'imagination, l'attouchement & l'imitation.

On a guéri, j'en conviens, un homme attaqué d'un rhumatisme, en le tenant pendant quelque tems dans un four dont on venoit d'ôter le pain: on a guéri à Alexandrie, un hydropique dont le ventre touchoit le menton. " Il avoit fait beaucoup „ de remèdes inutiles, lorsque deux Arabes „ le firent porter dans une étuve; après „ l'avoir frotté avec un linge, jusqu'à ce » que la peau fût bien rouge, on oignit son » corps avec deux onces environ d'huile de » noisette; on l'enduisit ensuite d'un mêlange » bien chaud de goudron & d'huile de lin; » on le poudra de grains de bled bien chauds » & bien torrefiés, qui s'attachèrent à » l'enduit du goudron; après l'avoir em-

» mailloté comme un enfant, on le laissa » étendu sur le marbre d'une étuve pendant » vingt-quatre heures : il fut alors lavé avec » de l'eau & du savon ; & quand l'enduit » eut été emporté, on recommença la même » opération, & on le porta, emmailloté de » nouveau, chez lui : il urina si copieuse- » ment pendant le chemin, que son enflure » fut presque dissipée. » (*Histoire des insectes, Mémoire premier*, *page* 54.

Cette manière d'emmailloter me rappelle les expériences de MM. du Hamel & du Tillet, sur des animaux qui, étant ainsi enveloppés, soutenoient, dans un four, le même dégré de chaleur, beaucoup mieux que ceux qui étoient dans l'état naturel. Ils furent conduits à cette épreuve, en voyant une fille supporter, dans un four, pendant dix minutes, une chaleur qui répondoit au 112me. degré du thermomètre de M. de Réaumur, pendant que des animaux y périssoient très-promptement. Cette fille n'eut d'autre accident qu'une forte rougeur au visage : elle n'éprouva ni crises ni convulsions : quelle différence néanmoins entre cette chaleur & celle que produit l'application des mains ! Il est difficile, Monsieur, d'admettre, avec vous, la chaleur animale pour base du traitement magnétique. Les effets seroient peu proportionnés à la cause ; ou il faudroit exciter cette chaleur par des frottemens qui sont des moyens actifs, mais indépendans de ce que vous appellez chaleur animale ; & dès-lors ce ne ſont ni les émanations ni leur communication d'individus à individus qui peuvent occaſionner les grands phénomènes magnétiques.

Le fluide électrique ne peut être le principe inconnu des criſes magnétiques. J'ai électriſé, pendant vingt-deux mois, un très-grand nombre de malades, de tout ſexe & de tout âge, dans les différentes ſaiſons de l'année, ſans jamais avoir cauſé aucun accident ſemblable, même ſur les perſonnes les plus faciles à émouvoir : celles qui avoient été long-tems dans un bain électrique vigoureux, éprouvoient, dix ou onze heures après, une chaleur intérieure qui dégénéroit en ſueur, ſi elles prenoient les précautions convenables pour ne pas en interrompre l'action. J'aurois pu dire à ces malades : partez pour votre campagne, mettez-vous à votre fenêtre à l'heure que j'aurai indiquée, j'agirai ſur vous quelque éloigné que vous ſoyez. On m'auroit cru, parce que l'effet auroit été conforme à mon aſſertion; néanmoins quelle influence aurois-je eu ſur cette eſpèce de criſe ?

Vous parlez, Monſieur, du principe de la chaleur ſur le globe; c'eſt une vérité démontrée par l'expérience : mais s'inſinue-t-il dans les corps, ſoit par une preſſion extérieure, ſoit par une attraction interne ? Eſt-il repouſſé, hors d'eux, par une force contraire, outre celle d'expulsion que vous admettez ? Voilà donc quatre forces différentes ; sont-elles réelles ?

L'attraction, quel qu'en soit le principe, suffit pour expliquer les effets de la chaleur, sans recourir à la pression ni à l'expulsion : du moins la répulsion des corps légers électrisés n'est-elle qu'une nouvelle attraction. La chaleur ne peut être excitée sans mouvement ; mais la nature de ce mouvement est peu connue. Les corps s'échauffent par l'accumulation des parties qui constituent le phosphore invisible que nous appellons chaleur : ils se refroidissent par la dissipation de ces mêmes parties. De la chaleur invisible à la chaleur vive, la distance est souvent très-petite. La chaleur, dont les corps sont susceptibles, a des bornes plus ou moins étendues, qui ne sont pas toujours relatives à leur densité, puisque l'huile, moins dense que l'eau, prend un degré de chaleur beaucoup plus grand, avant d'être en ébulition. En supposant même le fluide électrique également distribué dans tous les corps ; on ne pourroit lui attribuer la chaleur animale qui dépend visiblement d'une autre combinaison : le fluide électrique, le plus condensé, est sans effet sur le thermomètre. D'ailleurs, les oiseaux sont plus chauds que les quadrupèdes ; & ces derniers ont une chaleur plus grande que celle de l'homme : il paroît donc incontestable que l'électricité n'eſt pas la cauſe productrice de la chaleur animale.

« La chaleur ajoutée au corps qui en eſt » ſuffiſamment pourvu, le ſurcharge, ſui- » vant vos principes, & lui devient incom- » mode : inſinuée dans le corps qui en a » déjà de trop, elle l'agite & commence à » l'irriter : pouſſée dans un corps de com- » plexion très-irritable, ou dans celui dont » quelque organe eſt dans un état de ſouf- » france, elle augmente le ſpaſme ; le tranſ- » met d'un organe dans l'autre, & déter- » mine les convulſions locales ou univer- » ſelles. » Votre but, Monſieur, n'eſt pas équivoque dans ce paſſage. On trouve, (*dans le premier volume des Opuſcules phyſiques, de M. l'abbé Spallanzani, note de la page* 939,) « que le docteur Fordice à ſup- „ porté, ſans peine, pendant vingt minutes, „ une chaleur indiquée par le 150°. du ther- „ momètre de Forhenheit ; pendant dix „ minutes, une chaleur de 198°., pendant „ huit minutes, une chaleur de 362°., c'eſt- „ à-dire beaucoup plus ardente que celle „ de l'eau bouillante qui n'eſt que de 212°. ; „ ſa reſpiration n'en ſouffrit point pendant „ ſept minutes ; elle devint plus fréquente à „ la huitième ; il attribue cet effet à un grand „ dîner qu'il avoit fait auparavant : car il „ ſupporta, pendant plus long-tems la cha- „ leur de 220°., ſans incommodité ; & un „ chien ne ſouffrit pas d'avoir été expoſé

„ dans un panier, pendant trente-deux „ minutes, à une chaleur de 360°. „

Répondrez-vous, Monſieur, que la chaleur animale agit différemment de la chaleur qui n'a pas été tamiſée dans le corps des animaux? Du moins vous conſeillez, *page* 54, d'animaliſer le fluide électrique, en plaçant, entre le tube électrique & l'individu malade, un autre corps animé & ſain, dans lequel le fluide ſeroit élaboré, en partie; avant d'être porté plus loin. Le fluide électrique n'éprouve aucune modification dans cette expérience. Quant à la chaleur des émanations du corps des animaux, elle doit être moins irritante que la chaleur ſèche, s'il eſt permis de s'exprimer ainſi, parce que ſon activité eſt tempérée par les particules aqueuſes, très-abondantes dans ces vapeurs inviſibles : loin d'augmenter l'irritabilité du genre nerveux, elle produiroit plutôt du relâchement, ainſi que nous l'éprouvons, dans des jours d'été très-chauds & très-humides.

On peut, je crois, raiſonnablement conclure, de tout ce que je viens de dire, que ce fluide n'eſt pas la cauſe des effets magnétiques, que les athmoſphères particulières ſuppoſées autour de tous les corps, n'ont point de preuves phyſiques, excepté les athmoſphères des corps animés & organiſés, que, dans ces derniers, ces émanations ne ſont pas des courans actifs mus avec vîteſſe, que

la chaleur animale ne peut être la cause, ni du somnambulisme, ni de la catalepsie, & que ces effets dépendent, ainsi que l'ont très-bien remarqué MM. les commissaires, de l'attouchement, de l'imagination & de l'imitation.

En rejettant les agens que vous nous assignez, pour expliquer quelques faits qui vous ont paru supposer un agent particulier, je réunis néanmoins la plus grande partie de votre rapport avec celui des savans qui ont écrit contre le magnétisme animal. Il suffit de lire la conclusion qui le termine: ainsi, ce rapport auroit pu être un des objets de l'analyse de M. Bonnefoi.

Analyse de M. Bonnefoy.

« La vérité est quelquefois enveloppée de » ténèbres si épaisses, qu'il est difficile de » l'appercevoir : il n'y a qu'un sentier qui » y conduit, & mille grands chemins mè» nent à l'erreur. » *page* 3. L'intention des commissaires a été de voir la vérité. Si vous eussiez, Monsieur, conservé ce ton dans votre analyse, on auroit pu excuser votre enthousiasme pour le magnétisme animal; on n'auroit pas cherché les motifs secrets qui ont pu vous engager à soutenir ce systême, si vous n'eussiez pas oublié ce que vous deviez aux savans respectables qui l'ont examiné, & qui, en condamnant les procédés qui en sont la suite, vous avoient donné l'exemple de la modération & de l'honnêteté. Quelques succès, en entrant dans la carrière, ne font pas un grand homme : il faut un travail, foutenu pendant quelques années, pour devenir & profond phyficien & chymifte expérimenté.

« Le magnétifme animal eft, fuivant vous, » l'influence réciproque qui exifte entre les » êtres animés & la nature entière ; ou » plutôt, c'eft la faculté d'être fufceptible » de cette influence ; & le milieu, ou moyen » de cette influence, eft un fluide dont » l'exiftence eft auffi rigoureufement démon- » trée que celle des êtres fur lefquels il » exerce fon action. » Avez-vous péfé, Monfieur, le degré de certitude de l'exif- tence des corps, pour la comparer avec celle du fluide qui fert d'intermède aux influences. Nous fommes certains que les corps exiftent, parce qu'il eft impoffible que Dieu puiffe nous tromper : c'eft une certitude métaphyfique qui fert de bafe à une certitude phyfique. Vos deux grands principes, l'influence & le fluide, font-ils appuyés fur des preuves de cette nature ? Puifqu'ils n'ont été ni entrevus ni foupçon- nés par les anciens, & par aucun des moder- nes, l'influence n'eft donc pas la force célèbre de l'attraction : elle eft donc une vertu cachée, une nouvelle propriété peut- être, que nous connoîtrons fans doute, quand M. Mefmer nous aura *ouvert* fon génie.

« Si l'action fimultanée du foleil & de la lune

» lune, c'eſt-à-dire, leur force attractive » réunie & combinée eſt capable de ſoulever » les eaux de l'océan dans la zone torride, » faut-il en conclure, avec vous, qu'il eſt » impoſſible que la lune exerce une action » ſi énergique ſur la maſſe des eaux, ſans » agir en même tems ſur les êtres placés » dans les mêmes circonſtances ? » Parlons, Monſieur, le langage des ſciences, & oublions celui des aſtrologues & des cabaliſtes. Vous nous citez quelques obſervations en faveur de l'influence lunaire atteſtée par de grands hommes: l'action du ſoleil & de la lune ſur l'athmoſphère eſt une ſuite de l'attraction qui ne produit tout au plus que quelque agitation, de laquelle il ne réſulte aucune influence ſur nous. La raréfaction du fluide que nous reſpirons eſt très-capable d'agir, il eſt vrai, ſur les corps animés; mais elle eſt abſolument indépendante de l'influence des planètes, même de celle qui eſt la plus voiſine de notre globe; & ſi la lune influe ſur nous, les preuves de ſon influence paroiſſent réſervées aux générations futures. Le ſoleil agit ſut tous les êtres par la chaleur de ſes rayons, ou par la chaleur qu'ils excitent en ſe combinant avec d'autres molécules; mais l'expérience nous prouve que les rayons lunaires n'ont aucune chaleur influente, quand même on ſuppoſeroit, avec l'auteur du feu complet, *qu'ils pour-*

roient en avoir, s'ils étoient reçus sur un miroir d'une très-grande capacité.

Il est d'un physicien sage, dit M. d'Alembert, de faire abstraction de tout fluide dans l'explication du flux & reflux de la mer, & de chercher uniquement à expliquer ce phénomène par le principe de la gravitation universelle : il faudroit donc, en supposant l'influence de la lune sur les maladies, en écarter le fluide mesmérien, & la rappeller aux loix générales de la nature. Si cette action lunaire est un fait physique, elle doit être constante, & n'avoir que des différences relatives à la position des êtres respectivement à notre planète ; ainsi ceux qui habitent la zone torride, se trouvant dans la même circonstance que l'océan, doivent éprouver une influence plus forte que les habitans des zones tempérées, & ceux des zones glaciales doivent échapper presque entiérement à ce pouvoir.

Le nombre des maladies sur lesquelles la lune n'influe pas, ne seroit-il pas plus grand que celui de celles qui ont paru soumises à son action ? Les observations des médecins que vous nous citez, sont des faits isolés que le concours des circonstances a placés en pleine lune & en nouvelle lune, sans qu'il soit prouvé qu'ils dépendent de ces deux phases. Le tems de la nuit est ordinairement celui pendant lequel les malades sont le plus fatigués. Les crises des malaſies ont leurs époques fixes abſolument indépendantes des ſiſygies ; car le déſordre dans l'économie animale, pouvant commencer chaque jour d'une lunaiſon, les criſes peuvent coincider avec toutes les phaſes : on peut donc admettre des faits particuliers, & ne pas vous imiter dans vos conſéquences générales : dans le nombre de ceux qui, en tombant, ont le malheur de ſe caſſer un bras ou une jambe, il en eſt à qui ces accidens arrivent en pleine & en nouvelle lune ; que diriez-vous, Monſieur, ſi j'en concluois que notre ſatellite influe ſur nos chûtes ? Si vous avez écrit contre les ſavans les plus reſpectables dans le tems des ſiſygies, votre analyſe auroit-elle été plus modérée ſi vous euſſiez attendu l'inſtant des quadratures ? Si l'influence agit ſur le phyſique, pourquoi ne pourroit-elle pas agir ſur le moral ?

Cette influence générale & ce fluide univerſel n'expliqueroient pas quelques phénomènes magnétiques. Une perſonne en criſe convulſive, éprouve, dit-on, l'action de ſon magnétiſeur, malgré un mur interpoſé entr'eux. Ce fait extraordinaire, oppoſé aux loix de la nature, m'avoit paru devoir être placé à côté de la dent d'or de Siléſie, & je ne l'aurois pas rappellé, ſi des perſonnes honnêtes ne m'avoient atteſté la vérité de l'expérience. La cauſe à laquelle on l'attribue eſt néanmoins un être de raiſon : un corps opaque d'une certaine épaiſſeur ne peut être inſtantanément perméable à quelque fluide que ce ſoit.

Une plaque de fer battu, interpoſée entre deux aimans, affoiblit beaucoup leur pouvoir attractif & repulſif : le fluide ſolaire eſt réfléchi, en partie, par les corps opaques épais, & s'éteint, en partie, dans leur intérieur ; le fluide qui conſtitue la chaleur inviſible, ne ſe met point rapidement en équilibre dans les corps d'une denſité très-différente : cette eſpèce de glace qui couvre les murs au moment d'un prompt dégel précédé d'un froid long & rigoureux, eſt une preuve de cette vérité. L'action du feu même, dans un incendie, ſe tranſmet lentement du côté d'un mur au côté oppoſé, malgré l'énergie du foyer ; enfin le fluide électrique ſeroit encore impuiſſant dans cette circonſtance, ſi toute iſſue lui étoit interdite. De quelle nature eſt donc le fluide magnétique ? M. Deſlon paroît l'avoir comparé au phlogiſtique ; mais qu'eſt-ce que le phlogiſtique ? dans quelle région exiſte-t-il ſans mêlange ? Si l'on ſuppoſe qu'il émane du doigt du magnétiſeur, il en ſortiroit ſous la forme d'une aigrette divergente, quoique inviſible, & ſa direction ſeroit interrompue & dérangée par la multitude des pores qui, vraiſemblablement, s'entrelacent & ſe croiſent dans les corps qui ne ſont pas diaphanes. Ce phénomène, allégué comme une preuve victorieuſe en faveur de l'exiſtence du magnétiſme animal, ne peut donc avoir qu'une cauſe morale.

« Les guériſons magnétiques ont, ſuivant » vous, Monſieur, ſoutenu le magnétiſme » juſqu'à préſent, & elles le ſoutiendront » contre tous les efforts qu'on fait pour » l'anéantir. »

Cet oracle eſt moins ſûr que celui de Calchas.

Si les médecins euſſent été les ſeuls à rejetter cette méthode ſingulière de guérir, on pourroit dire, intérêt perſonnel pour proſcrire, intérêt perſonnel pour défendre; mais les phyſiciens, les chymiſtes, &c. ont porté le même jugement que les médecins : tous ont prononcé que les guériſons, fuſſent-elles réelles, ne feroient pas des preuves ſuffiſantes de l'exiſtence de l'agent auquel on les attribue : car on lui a donné des adjoints lorſqu'il devoit être ſeul : on a préſenté comme guéries des perſonnes qui croyoient l'être, parce qu'elles avoient éprouvé un ſoulagement qui auroit pu être l'effet du tems. Le très-petit nombre de maladies graves qui ont paru obéir au pouvoir magnétique, eſt plus que compenſé par des cures ſemblables opérées par l'imagination.

La paralyſie ancienne, ordinairement rebelle à l'art de guérir, ne l'a pas toujours été à la crainte & à l'effroi inſpiré par la vue d'un incendie. Si la nature n'a pas aſſez de force dans sa marche ordinaire, le principe de cette force existe, l'imagination le développe, parce qu'elle a la plus grande influence sur le diaphragme, sur le cerveau, & par conséquent sur tout le systême nerveux : l'effet des grandes passions n'est malheureusement que trop connu. Les fluides raréfiés gonflent les vaisseaux, la circulation gênée produit un choc, & s'il se rencontre quelques obstacles, il peut en résulter des crises, des convulsions, peut-être la mort même, si l'obstacle ne cède pas & si le choc est violent. Si la barrière, au contraire, s'ouvre, les vaisseaux engorgés se désobstruent ; & la nature reprend son cours ordinaire. Vous ne deviez donc pas dire, Monsieur, qu'on met fin à toute discussion, en prouvant que le magnétisme guérit. On peut vous répondre que les cures opérées au tombeau de M. Paris, auroient également dû mettre fin à toute discussion : elles sont un peu plus authentiques & un peu mieux certifiées que vos cures magnétiques ; la plupart ont été précédées par des crises analogues à celles qui ont lieu dans les traitemens ; les unes ont été très-indépendantes du principe auquel on les rapportoit ; tirez la conséquence.

On magnétise les animaux, me direz-vous, avec l'auteur des réflexions impartiales ; & cependant ce n'est pas l'imagination qui agit alors sur eux. Vous avez sans doute en vue les expériences faites à l'école vétérinaire de Lyon. Les certificats & les signatures qui les accompagnent, sont des preuves testimoniales souvent très-équivoques. D'ailleurs, faut-il être imprégné d'un prétendu fluide universel pour annoncer des vers dans les vieux chevaux malades? ils en ont presque tous. Est-il difficile de prévoir des obstructions dans ceux qui sont attaqués de maladies chroniques? ils sont presque tous obstrués. Faut-il enfin une puissance presque magique pour prédire l'adhérence de la plèvre aux poulmons de ces vieux animaux? les usages auxquels nous les employons les exposent continuellement à des maladies qui rendent cette adhérence inévitable. Elle est même très-fréquente dans les hommes d'un certain âge. Un chirurgien éclairé, témoin de cette fameuse expérience, m'a dit positivement que ceux qui avoient magnétisé ce malheureux cheval, avoient annoncé une maladie étrangère dans le larinx. L'anatomiste, qui tenoit le scalpel, ouvrant la trachée-artère de la partie inférieure, vers la supérieure, & rencontrant de la résistance, s'écria que la prophétie étoit accomplie. Il oublioit que l'os hyoïde étoit la cause de cette résistance. Un autre témoin, très-bon anatomiste, très-connu & très-désintéressé, car il magnétise, m'a parlé sur le même ton. Les faits imprimés ne sont pas toujours aussi exacts qu'ils devroient l'être.

Le même ſoupçon s'élève involontairement dans l'eſprit, en liſant, dans votre analyſe, qu'une dame qui vomiſſoit continuellement, depuis dix années, après tous ſes repas, paſſe pluſieurs jours ſans vomir, depuis qu'elle prend des criſes légères. Il falloit ajouter, Monſieur, qu'elle eſt à votre baquet depuis ſix mois; que ſon vomiſſement ne lui a donné du relâche, que depuis que vous l'avez aſſujettie à un régime ſalutaire qui lui avoit été conſeillé en vain depuis long-tems. Ceux qui connoiſſent cette reſpectable & intéreſſante mère de famille ne ſont que malheureuſement trop convaincus de l'inefficacité du magnétiſme animal ſur la maladie qui l'afflige & qui, ſans votre agent, lui a laiſſé quelquefois des intervalles de repos. Que de faits ſemblables ne pourroit-on pas vous oppoſer pour prouver l'impuiſſance de ce remède ſurnaturel? Des jambes enflées, ſur leſquelles il n'a eu aucune action; des hydropiques, auxquels il a fallu faire la ponction; des perſonnes attaquées de rhumatiſme, & qui ont été obligées de recourir aux eaux d'Aix; des ſourds, auſſi ſourds après le magnétiſme qu'auparavant; des convulſions, qui n'ont été que ſuſpendues; M. Riboud, qui jouiſſoit, dans les lieux de ſa réſidence, d'une ſanté auſſi parfaite que s'il n'avoit jamais été frappé d'apoplexie, & qui eſt mort quelques mois après être ſorti du traitement; cette fille, qui a eu des accès de folie périodiques, & tant d'autres, jettent au moins une grande incertitude sur les cures dont vous nous parlez, & rendent très-vraisemblable *ce que dit l'auteur de l'anti-magnétisme imprimé à Londres.*

« Vous prétendez mettre MM. les commis-
» saires en contradiction par ce dilemme: ou
» le magnétisme agit, ou il n'agit pas. Il ne
» peut pas tout à la fois & agir peu & ne
» pas agir du tout. Cette observation paroît
» minutieuse; mais elle est essentielle, en
» ce qu'elle fait appercevoir que *les com-*
» *missaires* n'ont pu s'empêcher d'avouer
» des effets, mais qu'ils ont cherché, autant
» qu'il leur a été possible, à les annuler. »
page 56.

On se bat mal, Monsieur, avec le bandeau de la prévention sur les yeux. Le magnétisme n'agit point sur ceux qui se portent bien: il est encore sans effet sur plusieurs malades; mais il produit des sensations plus ou moins foibles sur les hyppocondriaques, les gens à maux de nerfs, à maux d'estomac, & sur ceux qui ont ou qui croient avoir une très-grande sensibilité. Il suffit de jetter les yeux sur le passage du rapport des neuf commissaires, pour être convaincu que votre dilemme est un parallelogisme ou peut-être un sophisme; car, puisque sur huit commissaires, cinq n'ont rien senti; puisque deux n'ont éprouvé que de légers effets analogues à ceux qu'ils avoient ressenti sans être magnétisés ; puisqu'il est question du magnétisme par attouchement, il est donc prouvé que ce moyen physique est sujet à manquer son effet, & que lorsqu'il en produit, il n'est pas toujours de la même intensité.

MM. les commissaires ont dit que l'imitation machinale qui nous porte à répéter ce qui frappe nos sens, concourt, avec l'imagination, aux effets magnétiques ; l'expérience prouve le contraire, répondez-vous *page* 64. Quelle est donc l'expérience que vous opposez à cette loi de la nature ? Si le pouvoir imitatif n'étoit pas à craindre, feriez-vous retirer de votre baquet les personnes qui tombent en crises, & les feriez-vous passer dans un autre appartement ? Vous trouverez un exemple frappant de l'empire de la loi de l'imitation, dans le *numéro* 13 *des Observations sur les maladies régnantes, & à la page* 22 *des Réflexions impartiales.*

« En parlant de M. M..., vous concluez » que le magétisme indique le siège du mal, » il falloit dire : *la chaleur animale qui* » *émane des doigts, peut faire impression* » *sur une partie souffrante.* Vous ajoutez, » que les commissaires auroient pu faire une » réflexion : quelle est la cause de la chaleur, » & comment se communique-t-elle ? Je » présente la main à quelque distance d'un » foyer, j'éprouve une sensation de cha-

» leur. Tous les physiciens conviennent que » cet effet est dû à un fluide existant entre le » foyer & ma main, & qui se meut avec » beaucoup de rapidité. Je présente la main » ou le doigt à quelque distance d'une partie » du corps : j'éprouve, ou je fais éprouver » une sensation de chaleur; n'est-il pas évi- » dent que cette impression ne peut pas avoir » lieu, sans un agent quelconque, qui lui » donne naissance? Et quel est cet agent, » sinon un fluide qui se meut rapidement » entre les deux parties? Cette réflexion » auroit peut-être conduit *les commissaires* » jusqu'à deviner la cause de la chaleur » animale; phénomène intéressant, qui a » exercé tous les physiologistes, & sur » lequel la doctrine du magnétisme & les » expériences qu'elle fera naître, jetteront » le plus grand jour. » (*Analyse*, *page* 30.)

Vous confondez la chaleur vive & brûlante, selon l'expression de M. Schele, & la chaleur distribuée également dans tous les corps, c'est-à-dire la chaleur insensible : la première est l'effet d'un phosphore fluide concentré, mu avec vîtesse; la seconde dépend d'un même fluide plus rare & plus tranquille. Ainsi, la main placée près d'un foyer, est exposée à l'action d'un fluide mu rapidement; elle en reçoit une chaleur vive. La chaleur insensible agit d'une manière bien différente : si elle est distribuée également, elle ne produit aucun effet dans les corps qui ſe rapprochent les uns des autres ; ſi la répartition eſt inégale, l'équilibre ſe rétablit dans plus ou moins de tems, ſelon les circonſtances : l'action de la chaleur d'un foyer eſt prompte, celle de la chaleur inſenſible eſt lente : & quoique les parties conſtituantes de ces deux fluides ſoient rigoureuſement les mêmes, leur ſomme eſt différente.

En attendant que le magnétiſme puiſſe nous développer la cauſe de la chaleur animale, on peut ſoupçonner, avec M. Martimer, qu'elle dépend d'un ſoufre animal toujours exiſtant dans nos liqueurs, très-indépendant de l'influence ſecrette des aſtres & du fluide myſtérieux qui la tranſmet dans le corps des animaux. Quelle que ſoit la cauſe de la chaleur animale, elle ſe communique, ſelon les loix communes, à tous les fluides. En entrant dans un bain dont la température eſt la même préciſément que celle du ſang, il n'y a aucune différence ſenſible entre la température du corps & celle du milieu ombiant. (M. Martine, *Diſſertation ſur la chaleur*, *page* 225.) Si le doigt, promené autour du genou de M. M..., avoit eu la chaleur de ce genou, le malade n'auroit pas cru ſentir une légère chaleur. Vous n'auriez pas dû ſubſtituer le mot de *ſentir* à l'expreſſion *croire ſentir.*

« Le magnétiſme animal meſmérien a » deux baſes, une influence & un fluide qui » en eſt chargé. J'ai déjà examiné les preuves

» de cette influence, & celles du fluide uni» versel ; mais vous citez un phénomène » étonnant. Tous les malades qui tombent » en crise, apperçoivent très-distinctement » le fluide magnétique animal à l'extrémité » des pouces présentés en face l'un de l'autre; » d'abord sous la forme de fils d'araignée, » ensuite comme une athmosphère qui en» toure le doigt; puis comme un trait blan» châtre qui s'allonge, ou comme des » bluettes ; & enfin comme un trait de feu. » Un grand nombre de personnes à répété » cette expérience avec succès. » *page* 23 & 24.

J'ai consulté, sur ce fait, une personne très-éclairée, qui a non-seulement magnétisé, mais qui a bien voulu honorer de sa présence le cours que vous avez donné; car, par une singularité remarquable, on a très-bien payé, à Paris & à Lyon, des leçons qui avoient pour objet une doctrine inintelligible qui, loin d'enrichir l'esprit de connoissances utiles, ne lui ont présenté que des rêves anciens qui avoient été dissipés par les richesses physiques que nous avons acquises, & qui, sous un autre point de vue, se remontrent aujourd'hui avec tous les prestiges de la fameuse poudre de sympathie. Quelques malades, m'a répondu ce savant respectable, m'ont dit avoir apperçu une émanation lumineuse : j'ai eu de la peine à le croire ; mais enfin je l'ai vue. Ce recit eſt un peu différent du vôtre. Quand ce fait ſeroit auſſi général & conſtant, qu'il eſt rare, le fluide qui voitureroit l'influence des corps céleſtes, ſeroit le fluide électrique. Il ne ſeroit pas néceſſaire d'avoir reçu de la nature un puiſſant génie pour nous convaincre de l'action du fluide électrique ſur les animaux & ſur les végétaux. On n'auroit eu beſoin que d'une adreſſe ſoutenue pour le maſquer à nos yeux, & on en manqueroit aujourd'hui en le laiſſant toujours paroître ; car, de tout ce ſyſtême, il ne reſteroit alors que l'influence chimérique préſentée par M. Meſmer & ſes élèves. Ceux qui ne ſont pas en criſe ne jouiſſent pas tous de ce privilège : il faut donc du trouble dans le phyſique pour appercevoir conſtamment un fait phyſique. J'ai cherché (*),

(*) Le deſir de voir ce phénomène m'a fait accepter l'offre qui m'a été faite d'aſſiſter à des expériences magnétiques au traitement de MM. Greth & Michel. Ils ſavoient que j'écrivois contre le magnétiſme animal. L'honnêteté avec laquelle on m'a accueilli, la franchiſe des procédés des adeptes de ce traitement, le baquet ouvert à mes yeux, tous les moyens mis en uſage devant moi, ſont des preuves de la candeur & de la ſincérité de tous ceux qui n'ont pas craint de me rendre témoin de leur manipulation. Je ſaiſis avec plaiſir cette occaſion de leur en marquer ma reconnoiſſance, & de leur rendre juſtice. S'ils ont préſenté des faits incroyables, ils les ont cru vrais ; & d'ailleurs ils ne ſont pas plus extraordinaires que celui des perſonnes magnétiſées à quelques lieues de diſtance.

mais en vain, à voir ce feu apperçu chez M. Orelut : j'ai cherché, avec aussi peu de succès, cette toile d'araignée dont vous parlez ; ni les personnes en crise ni celles qui les entouroient n'ont pu, même dans l'obscurité, jouir de ce spectacle. Ainsi, si ce fait n'est pas une illusion d'optique ; c'est un phénomène particulier qui tient à quelques causes accidentelles, à une surabondance, peut-être, de matière électrique, dont quelques individus sont quelquefois si chargés, qu'ils entendent le pétillement des étincelles, en quittant leurs vêtemens.

MM. les commissaires auroient prononcé, avant l'expérience de M. du Fay, sur le fluide électrique, ainsi qu'ils l'ont fait sur le fluide cause des attractions & des répulsions de l'aimant. Ils auroient dit, le fluide électrique existe, puisqu'il produit des phénomènes sensibles à la vue ; mais s'il avoit échappé à tous leurs sens, si l'on eût voulu les persuader qu'il les entouroit, qu'il les pénétroit, qu'il existoit en eux & autour d'eux, quoique d'une manière absolument insensible, ils auroient eu raison de conclure qu'il n'existoit pas, & cette conséquence auroit été très-légitime. Il est toujours périlleux, Monsieur, de prêter ses yeux & sa logique à des savans de l'ordre éminent de ceux qui ont signé le rapport.

Vous vous étonnez qu'ils aient cru que l'émanation animale, rendue visible, lorfqu'elle groſſie au microſcope ſolaire, étoit celle de la tranſpiration, & vous vous écriez: « Cette tranſpiration eſt de l'eau! Comment » l'eau peut-elle s'élever contre ſon propre » poids, ſans qu'elle obéiſſe à une force » répulſive, ſans qu'elle ſoit emportée par » un être ſpécifiquement plus léger que » l'air? » Que de faits analogues dans les diſſolutions chymiques! L'or qui ſe diſſout dans l'eau regale, & qui, après la diſſolution, demeure ſuſpendu dans la liqueur, exige-t-il une force répulſive ou un être ſpécifiquement plus léger que l'eau régale? Vous combattez, Monſieur, avec des armes trempées dans le fluide magnétique; eſt-il étonnant qu'elles ſe caſſent dans le choc? A l'égard de la nature de la tranſpiration, vous verrez, dans la phyſiologie de M. Haller, qu'elle n'eſt pas uniquement aqueuſe.

Quand on ne pourroit expliquer l'action des nerfs ſans avoir recours à un fluide, il n'en réſulteroit aucune probabilité en faveur du fluide meſmérien. Je crois, comme vous, aux eſprits vitaux; mais j'ai d'autres preuves que celles que vous alléguez; *page* 31 : car, tous les faits que vous citez ne répugnent pas à l'hypothèſe des vibrations des nerfs. L'exiſtence des eſprits animaux ſeroit-elle démontrée? Je vous dirois, avec M. Haller, que ce fluide n'eſt ni la lumière, ni le feu, ni l'éther, ni la matière électrique; & qu'il eſt plus facile de de dire ce qu'il n'eſt pas, que d'en déterminer la nature.

Suppoſeriez-vous, Monſieur, que MM. les commiſſaires auroient nié l'exiſtence de tout fluide ſubtil, en leur demandant, ſi l'on voit le feu principe, ſi l'on voit le fluide ſubtil qui propage le ſon, l'air qu'on reſpire, & les différens fluides aériformes? La phyſique meſmérienne vous auroit-elle fait oublier la phyſique de la nature? Y a-t-il un feu principe différent du fluide ſolaire? Y a-t-il un fluide ſubtil différent de l'air ordinaire, & qui ſoit le véhicule du ſon? Dans ce cas, le ſon devroit s'entendre dans le vuide de Boyle. Les particules aériennes & celles des gazs ſont, il eſt vrai, inviſibles; mais on ne les voit pas moins paſſer, en forme de bulles aériformes, au travers de l'eau de la cuve pnéumato-chymique. Si nous avions de pareilles données ſur l'exiſtence du fluide meſmérien, ſur l'influence des corps céleſtes, apportée ſur la terre, ſur les ailes de ce nouvel agent, le ſyſtême de votre maître, malgré ſa baſe inviſible, réuniroit bientôt tous les ſuffrages.

« En magnétiſant, à quelque diſtance du » nez, une perſonne en criſe ou en ſyncope, » un chat ou un chien qui ſommeille, la per- » ſonne éprouve une impreſſion déſagréable, » qu'elle témoigne par les mouvemens du » viſage, ou en portant la main au nez pour le » frotter; & l'animal ſe réveille. » Ce dernier fait ne prouve rien ; mais l'agitation de la personne en crise seroit très-concluante, sans le mot de *crise* qui délie le nœud. Les disciples de M. Barberin ont un pouvoir plus étendu. On ne craint pas d'assurer que la même expérience leur a réussi dans la salle des spectacles, d'une loge à une loge opposée. L'auteur des réflexions impartiales annonce même qu'on peut agir magnétiquement à la distance de deux ou trois lieues, sans avoir même magnétisé la personne sur laquelle se feroit l'expérience. Ce pouvoir dépendroit donc d'une faculté intellectuelle, ou d'une action physique soumise à la volonté : deux suppositions qu'il faut réléguer dans le pays du sixième sens qu'on prétend avoir retrouvé. Une action purement physique, l'effet d'un fluide dirigé du magnétiseur au magnétisé, se feroit nécessairement par des lignes divergentes ou par des ondulations : or, la divergence, diminuant l'intensité du fluide, suivant une loi connue, l'action magnétique seroit nulle à une certaine distance. Dans la supposition des ondes, tous ceux qui seroient dans la sphère de leur activité, seroient magnétisés ; car le son se fait entendre dans tous les points de l'espace dont le corps sonore occupe le centre, du moins jusqu'à une certaine distance : si ces prétentions étoient réelles, il faudroit reconnoître un pouvoir magnétique spiritualisé.

La ruine du magnétisme n'est pas fondée

uniquement, Monſieur, ſur l'expérence à laquelle a ſervi Mlle. B..., *page* 66. La chûte de cette hypothèſe eſt occaſionnée par les ſeize expériences de MM. les commiſſaires, par le rapport de la ſociété royale, par l'ouvrage de M. Thouret, par le jugement que les ſavans ont porté ſur une doctrine dont la baſe eſt en oppoſition avec les loix immuables de la nature, & avec les principes qui ſont le fondement de nos connoiſſances, enfin par le danger & l'inutilité du magnétiſme, puiſque tous les phénomènes qu'il produit, s'expliquent ſans le ſecours des influences & du fluide univerſel. Quand on a jetté un regard ſur l'hiſtoire de tous les ſiècles, on dit avec Montaigne: « Ne cherchons point des illuſions du dehors » & inconnues, nous qui ſommes perpé» tuellement agités d'illuſions domeſtiques » & noſtres. Il ſemble pardonnable de » mécroire une merveille, en tant, au » moins, qu'on peut en détourner & éluder » la vérification par voie non merveilleuſe. » *tome* 3, *page* 447.

« La dame magnétiſée par M. Meſmer, » dans ſa chambre, en votre préſence, avoit » une obſtruction à un organe très-ſenſible: » elle eut, dans la partie affectée, des dou» leurs ſi aiguës, que cinq perſonnes pou» voient à peine la contenir. Comme elle » ignoroit ce que c'eſt que magnétiſme, » qu'elle n'avoit jamais entendu parler de

» crises, ni assisté à aucun traitement, vous » demandez si on attribuera cet effet à l'ima- » gination? » S'il y a eu attouchement dans cette expérience, les douleurs en sont la suite, & n'étonnent personne, vu le siège du mal. En vain nous assurez-vous que les attouchemens magnétiques ne sont qu'une application la plus légère possible : on connoît la réponse de feue madame M... à M. Mesmer lui-même, & les expériences de M. de Jussieu.

Une demoiselle magnétisée, à son insçu, par la réflexion d'une glace, prend une crise, *page* 67. Cette expérience exigeoit des détails que vous ne nous avez pas donnés : cette demoiselle avoit-elle eu souvent des crises? Depuis quel tems la crise étoit-elle finie? enfin avoit-elle été au baquet? Une seule de ces circonstances rend la crise indépendante de la glace. En attendant ces éclaircissemens, placez ce fait à côté du fluide magnétique rendu convergent, par un seul miroir concave, dans le cabinet de physique des pères de l'Oratoire. M. Constantin doit savoir que les rayons parallèles ou très-peu divergens, ont seuls la propriété de converger par un seul miroir concave. Tous les courans des autres fluides, dont on suppose que nous sommes environnés, étant nécessairement très-divergens, exigent deux miroirs concaves pour être réunis dans un foyer. « Les merveilles » se multiplient, dit M. l'abbé de Condillac,

» & bientôt on en a plus qu'il n'en faut
» pour faire face à la philoſophie méfiante,
» à la vérité, mais à qui l'expérience n'a
» jamais manqué d'en impoſer, quand on la
» lui objecte. »

Une dame, chez laquelle un ſpaſme avoit déterminé tous les ſymptômes précurſeurs de l'apoplexie, reſte ſans force, ſans parole, & les yeux fermés; vous la magnétiſez, ſans la toucher & à ſon inſçu! elle éprouve ſous vos doigts, des inquiétudes extraordinaires, ſuivies, demi-heure après, d'un grand calme & d'un ſommeil qui emporte avec lui tous les accidens! Si les faits précédens manquent de détails, on en trouve, au moins ici, qui égaient l'imagination. Ceux qui n'ont pas vu magnétiſer, n'imaginent pas comment une perſonne, qu'on ne touche pas, peut éprouver des inquiétudes ſous les doigts d'un magnétiſeur; mais l'Iris moderne eſt docile à la voix des élèves de M. Meſmer; elle eſt ſoumiſe à leur volonté; elle obéit à leurs geſtes; & il ſuffit de ſecouer les doigts ſur une perſonne dont on eſt voiſin, pour l'inonder du fluide meſmérien.

Une dame & un homme ont éprouvé des criſes à vingt pieds du doigt & de la baguette. Nous offrez-vous ce fait, Monſieur, comme une preuve de l'exiſtence de l'agent meſmérien, ou comme l'effet de l'action d'une faculté de notre ame? Vous me rappelleriez, dans le premier cas, quelques exercices qui m'ont amusé dans ma jeunesse : dans le second, vous confirmeriez une grande vérité. Vous avez beaucoup travaillé sur l'électricité : si vous étiez isolé, une baguette de fer à la main, imprégné de fluide électrique par un conducteur vigoureusement chargé, quelle seroit l'influence de l'aigrette à vingt pieds de distance ? On trouve, en Sibérie, des aimans du poids de 300 livres, dont la vertu est nulle sur l'aiguille la plus sensible, placée dans le même éloignement; si le mouvement des méridiens magnétiques annonce le mouvement d'un fluide, peut-on supposer qu'il soit celui de M. Mesmer, c'est-à-dire l'agent universel de la nature ? Le feu, une décharge électrique, privent l'aimant de toute sa vertu : le pouvoir qu'il paroît avoir eu quelquefois sur certains malades, a été sans efficacité, sur le plus grand nombre de ceux qui ont voulu l'éprouver dans les mêmes circonstances. J'ai été entouré impunément de 60 aimans naturels & artificiels, tous très-actifs; des femmes très-irritables ont été également insensibles, placées même dans la direction du méridien magnétique ; d'ailleurs si l'aimant a quelquefois du pouvoir sur les animaux, il n'en a point sur les végétaux ; & cependant ces derniers n'échappent pas au magnétisme animal, suivant les principes de M. Mesmer.

MM. les commissaires de la société royale ont attribué les crises renouvellées sans attouchement, à la chaleur animale, à l'émiſſion de l'inſenſible tranſpiration, & à l'impreſſion de l'air agité. Convaincus de la foibleſſe de ces raiſons, ils diſent avec adreſſe, ſuivant vous, *que les cauſes qu'ils viennent d'aſſigner, paroîtront peut-être foibles au premier coup d'œil.* Vous ajoutez qu'elles le ſont réellement, & que lorſqu'on les approfondit, elles ſont bien plus que foibles, *pag.* 63 & 64. Eſt-ce par ces triſtes reſſources qu'on peut nous détromper? Il falloit, Monſieur, prouver l'inſuffiſance de ces cauſes. La vérité a des droits ſi preſſans ſur nous, que l'erreur ne ſéduit que ſous les apparences du vrai. Vous verrez bientôt qu'une ſeule goutte d'eau jettée ſur le corps de Mlle. Anthemant, étoit capable d'augmenter les convulſions dont elle étoit attaquée. Votre allégation même tombe à la lecture du vrai paſſage du rapport (*). Il n'eſt pas queſtion de pro-

(*) MM. les commiſſaires de la ſociété royale, en parlant des mouvemens convulſifs qui ſe renouvellent après une remiſſion, par la direction du doigt ou d'un conducteur à quelque diſtance, s'expriment ainſi: une autre cauſe qui peut renouveller & augmenter l'état convulſif, lorſqu'on n'agit que par la ſimple direction du doigt, c'eſt l'impreſſion de l'air agité par les mouvemens que l'on exécute, la chaleur communiquée par la proximité de la main, & l'émiſſion de l'inſenſible tranſpiration. Ces cauſes paroitront peut-être foibles au premier coup d'œil; mais lorſqu'on aura fait réflexion à l'état de ſenſibilité, à l'irritabilité des perſonnes tombées en criſes; quand on ſe rappellera que le ſouffle le

duire des crifes, mais de les renouveller dans ceux qui viennent de les éprouver, ou qui y font fujets. Confultez les ouvrages des médecins qui ont écrit fur les maladies convulfives, vous y trouverez des exemples femblables : je n'en citerai qu'un. L'autorité ne vous fera pas fufpecte : M. Orelut parlera lui-même.

» Les Demoifelles Montaland, l'une âgée de vingt ans, l'autre de dix-huit, eurent, il y a environ une année, une frayeur qui excita un tel ébranlement dans tout le genre nerveux, qu'elles eurent des convulfions terribles avec perte de connoiffance, & des mouvemens fi extraordinaires & fi violens, qu'il falloit, nuit & jour, auprès d'elles, plufieurs perfonnes pour prévenir les accidens auxquels elles étoient expofées. Les accès étoient fréquens, & ne laiffoient entr'eux que de courts intervalles. Les faignées répétées, les bains & tous les calmans n'avoient produit qu'un foible foulagement. Le bruit le

plus leger, le plus foible ébranlement de l'air, la vue des fluides, celle d'une glace ou d'un corps poli & brillant, le feul éclat des yeux fuffifent pour renouveller les mouvemens convulfifs, dans les malheureux qui en ont déjà éprouvé par l'effet du virus hydrophobique, on fera convaincu que le plus foible ébranlement de l'air, le plus leger contact de la fubftance la plus tenue, fuffifent pour reproduire les fpafmes, lorfque la fenfibilité & l'irritabilité ont été préalablement excitées par une caufe plus puiffante. *Rapport de MM. les commiffaires de la fociété royale*, pag. 16 & 17.

plus léger, la moindre surprise, rappeloient les accès, ce qui arrivoit souvent dans le même jour. „ (*Recueil de pieces*, pag. 380) Qu'ont dit de plus MM. les commissaires?

» La médecine, telle qu'elle est actuelle-» ment, est une routine aveugle, & un art » conjectural. Vous le dites à regret, mais » vous le dites parce que vous êtes con-» vaincu que le magnétisme changera la face » de la médecine, la rappellera à sa véri-» table destination, rendra toute sa dignité » à cette science trop longtems profanée par » les systêmes & l'ignorance, & procurera » aux hommes le plus grand de tous les bienfaits ». Vous parlez d'un ton dogmatique; vous prophétisez comme un vieux médecin d'une expérience consommée : cependant j'ai eu l'honneur, il y a deux ou trois ans, d'assister à votre inauguration. Vous faites la satire d'une science que vous avez à peine effleurée; après nous avoir rappellé une grande vérité énoncée dans le rapport, *le médecin est le ministre de la nature*, vous ajoutez que l'oubli de ce principe a introduit en médecine des systêmes opposés, sur lesquels sont fondées les méthodes curatives; & vous écrivez pour défendre une hypothèse dénuée de preuves physiques, & appuyée sur des faits qui ont presque toujours une cause morale.

MM. les commissaires de la société royale ont dit que le magnétisme n'étoit que l'art de faire tomber en convulsions, & que ses effets étoient des convulsions. Ce prononcé doit avoir produit, sur votre ame, une impression bien vive, si on en juge par les exclamations suivantes. « C'est sur des faits aussi » faux que les commissaires ont fondé le danger » du magnétisme ; c'est d'après des assertions » aussi fausses, & par une rétiscence impardon- » nable, que les commissaires ont cherché à » alarmer le gouvernement, *page* 80. La posté- » rité, toujours équitable, en gravant au » temple de mémoire, le nom de M. Franklin » & le vers qui caractérise son génie, n'ou- » bliera qu'il a signé le rapport contre le ma- » gnétisme, *page* 85. Douze hommes enchaî- » neront la croyance de l'univers ! leur juge- » ment entraînera l'opinion générale ! Etes- » vous infailllbles ?

» On n'a jamais crié au feu avec plus de » véhémence. L'incendie est-il réel ? Vous » n'avez vu, chez M. Mesmer, que huit » crises sur plus de 200 malades ; il en a » été de même à Buzancy ; à Lyon, vous » en avez eu six sur 200 personnes, d'où » vous concluez que, puisque sur 100 » malades, quatre ont des crises, 96 éprou- » veront des effets doux, modérés & bien- » faisans.

» Justifions MM. les commissaires, impo- » sons silence à l'élève, en lui opposant & » son maître & ses principaux apôtres. Dans » le mémoire imprimé en 1779, sur la

» découverte du magnétisme animal, M. » Mesmer assure qu'il a obtenu la guérison » d'une mélancolie vaporeuse avec vomissement, de plusieurs obstructions invétérées, » à la rate, au foie & au mesentère, d'une » goutte sereine imparfaite, d'une paralysie » avec tremblement, d'une paralysie de » jambe avec atrophie, d'un vomissement » habituel, d'une cachexie scrophuleuse, & » d'une dégénération générale des organes » de la transpiration. » Tous ces malades éprouvèrent des crises & des évacuations sensibles.

« Ceux qui voudront raisonner sur le » magnétisme animal, dit M. Deslon, » l'ami de M. Mesmer à cette époque, ne » doivent pas oublier qu'il n'entend guérir » qu'à l'aide des crises: s'il entreprend la » cure d'un fou, il ne le guérira qu'en lui » donnant des accès de folie; les vaporeux » auront des accès de vapeurs; les épilep- » tiques, d'épilepsie, &c. » *Observations imprimées en* 1780.

« Dans les personnes qui sont attaquées » des nerfs, le traitement, en renouvellant » les symptômes de leurs maladies, leur » occasionne des crises, terribles en appa- » rence, des convulsions effrayantes, même » pour ceux qui les ont vues le plus sou- » vent. (*Lettre de M. Gebelin.*) Qu'on vienne » chez M. Mesmer, dit M. Moulinié, & » l'on comprendra toutes les scènes du

» temple d'Epidaure. Me voilà dans un » nouveau climat, s'écrioit le père Hervier : » une action étrange produit en moi des » effets singuliers, des chaleurs internes, » des sueurs, des éblouissemens, des mou- » vemens de fièvre. » En parlant de madame Orcel, M. Orelut nous dit que le premier effet du magnétisme a été de rappeller les douleurs de l'estomac, le tremblement convulsif des mâchoires, & d'exciter des contractions involontaires de tous les muscles. Au traitement de M. Giroud, sur 31 malades, 14 ont eu des crises convulsives, sans compter ceux dont les douleurs ont été augmentées. Suivant même l'auteur des réflexions impartiales, M. Mesmer a donné trop d'extension à ces mots, *tout est crise dans la nature.*

En discutant la condamnation des crises par MM. les commissaires, vous prenez les obstructions pour exemple. « Cette mala- » die est produite par le défaut de ton des » solides, d'où résultent successivement sta- » gnation des fluides, épaississement, engor- » gement, obstruction. Que fait la méde- » cine, ou plutôt la nature ? elle augmente » le ton des solides, ce qui détermine, assez » souvent, des mouvemens convulsifs. Que » fait le magnétisme ? Il augmente le ton » des solides à proportion de l'obstacle. Si » celui-ci est considérable, il en résulte un » combat violent qui se manifeste par des

» effets convulſifs. Ces effets produits par » la nature, ſont des criſes ; ces mêmes » effets ſont donc des criſes, lorſqu'ils ſont » produits par le magnétiſme, qui n'eſt qu'une » nature renforcée. » *page* 72.

Que de réflexions préſentent & votre théorie des obſtructions, & votre méthode curative, & votre magnétiſme ſous le point de vue d'une nature renforcée! Je ne ſuis pas médecin, je dois me taire. J'ai vu néanmoins des perſonnes obſtruées, guéries d'une manière très-différente, par feu M. Tronchin. Les obſervations que vous nous citez enſuite, dépoſent même contre vous. Cette dame qui avoit, depuis treize ans, une obſtruction ou engorgement conſidérable au foie; celle qui avoit deux thumeurs volumineuſes, l'une à l'ovaire gauche, l'autre au corps de la matrice, ont eu des mouvemens convulſifs; enfin cet homme de trente ans a été guéri, chez M. Meſmer, de maux d'eſtomac affreux, par des criſes très-fortes, c'eſt-à-dire, par des convulſions, puiſque ce fait ſert de preuves à l'aſſertion ſuivante. « Tous les accès habituels de maladies chro- » niques, telles que les douleurs de goutte, » de rhumatiſme, d'obſtructions, les con- » vulſions périodiques, qui ſe renouvellent » aux changemens de tems, aux nouvelles » & aux pleines lunes, ne ſont-ils pas des » efforts lents & continuels que fait la » nature, pour triompher de l'obſtacle qui » tend à l'opprimer ? » Quelle théorie médicale ! *Sed non sutor ultrà crepidam.* Si le rhumatiſme froid eſt ſouvent une eſpèce de baromètre, il n'indique, pas plus que cet inſtrument, les ſiſygies de la lune.

» Le tableau des criſes, que vous » ſubſtituez à celui de MM. les commiſſaires, » juſtifie la fidélité du dernier. Une impreſ- » ſion de ſouffle & les convulſions ſont les » extrêmes de votre gradation : les inter- » médiaires ſont, ſenſations de froid & de » chaud, chatouillement, picottement, en- » gourdiſſement, peſanteurs, douleurs, mal » de tête, voile ſur les yeux, mal-aiſe uni- » verſel, inquiétude, agitation, extenſions » des membres, ſpaſmes de l'eſtomac & des » inteſtins, convulſions dans un bras ou une » jambe, mouvemens convulſifs dans tout » le corps. » Voilà votre tableau : eſt-il moins effrayant que celui de MM. les commiſſaires ? Ont-ils eu ſi grand tort de dire que le magnétiſme n'étoit que l'art d'exciter des convulſions, & de faire tomber en convulſions ? (*Rapport de la Société Royale.*)

Vous avez, Monſieur, ainſi que l'auteur des réflexions impartiales, en défendant le magnétiſme, attaqué tous les commiſſaires. Leur rang, l'étendue de leur connoiſſances, leur nombre, ne vous ont point intimidé. Si l'un a gardé l'anonyme, vous avez ſigné votre analyſe, en vous rappellant, ſans doute, ce vers du méchant :

Quand j'attaque quelqu'un, je le dois & me nomme.

Le ſecond anonyme, l'auteur des doutes, a chaſſé de l'arêne MM. les commiſſaires de l'académie des ſciences; il a eſſayé de nous perſuader que ce rapport, devenu embarraſſant par les ſignatures, n'étoit en effet que l'ouvrage des commiſſaires-médecins. Cette étrange aſſertion, le ton qui règne dans cet ouvrage, la manière dont il eſt écrit, l'imagination de l'auteur, la chaleur qu'il met dans le combat, les ornemens ambitieux qu'il prodigue, les comparaiſons dont il ſe ſert, ſes ſarcaſmes & ſes plaiſanteries contre la médecine & les médecins, ſes expreſſions ſur les académies, les académiciens & les phyſiciens de profeſſion, tout forme un enſemble pithoreſque & piquant; ou plutôt, tout nous préſente une grande criſe morale produite par le magnétiſme animal.

Doutes d'un Provincial.

« Vous vous caractériſez vous-même, Monſieur, dans votre ouvrage, *page* 2; dans » ce combat entre la médecine & le magné- » tiſme, vous êtes bien loin d'être impar- » tial; vous deſirez, plus que vous ne » pouvez le dire, que la médecine, tant » accoutumée à ſe tromper, ſe trompe » encore aujourd'hui, & qu'enfin le rapport » ne ſoit qu'une grande erreur. Vous n'avez » que des notions bien foibles, ſur la phy- » ſique générale & particulière, & vous » prétendez apprendre à MM. les commiſ- » ſaires l'art d'expérimenter & l'art de tirer » des conſéquences juſtes des expériences. »

Pour séparer les commissaires académiciens des commissaires médecins, vous vous appuyez sur deux passages du rapport. « Les incommodités de M. Franklin l'ont » empêché de se transporter à Paris, d'assister aux expériences qui y ont été faites; » les commissaires, sur-tout les médecins, ont fait une infinité d'expériences » sur différens sujets qu'ils ont magnétisés, » ou à qui ils ont fait croire qu'ils étoient » magnétisés. » *ibid. page* 24.

La commission a été deux fois réunie chez M. Franklin à Passy; & ce savant célèbre a été lui-même magnétisé par M. Deslon; l'assemblée étoit nombreuse : tous ceux qui étoient présens ont été magnétisés. « Quelques malades, qui avoient accompagné » M. Deslon, ont ressenti les effets du magnétisme, comme ils ont coutume de le » ressentir du traitement public; mais madame de B**, M. Franklin, les deux » parentes, son secrétaire, un officier Américain, n'ont rien éprouvé, quoiqu'une » des parentes de M. Franklin fût convalescente, & l'officier Américain alors » malade d'une fièvre réglée. » *Rapp. page* 18. Tous les commissaires étoient alors à Passy, *page* 28. Ils furent encore tous réunis le jour de l'expérience de l'arbre magnétisé, *page* 27.

Le rapport a pour base seize expériences, du nombre desquelles ne sont pas celles qui ont été

été faites *fur-tout par les médecins.* Il faut ou n'avoir pas lu le rapport, ou l'avoir mal lu, pour ofer dire qu'il eft l'ouvrage des commiffaires-médecins. Dans l'expofé fait à l'académie des fciences, M. Bailli « affure » pofitivement, que rien n'a été diftingué, » que le travail appartient à tous. Egale- » ment guidés par les intérêts de la vérité, » ajoute M. Bailli, nous avons toujours » été unis, toujours unanimes. Le compte » qui va vous être rendu eft un ouvrage » particulier d'un de vos confrères; mais » il ne renferme rien qui ne foit le réfultat » du travail commun des membres des deux » compagnies. » Le rapport eft donc l'ouvrage des neuf commiffaires. M. Franklin a été témoin de deux expériences fondamentales, & a figné les autres. La comparaifon que vous faites d'une commiffion pour décider de la vie ou de la mort d'un citoyen avec la commiffion pour juger le magnétifme, ne paroît avoir pour but que l'exclamation fuivante : voilà *les commiffions en France, injuftice ou légèreté.* Les académiciens choifis par les médecins, font au-deffus de tout éloge, *p.* 9. *Cependant vous vous garderez bien d'objecter que l'académie des fciences paroiffoit avoir déjà pris quelques engagemens de ne pas trouver la vérité chez M. Mefmer.* N'y a-t-il point de contradiction entre deux manières fi oppofées de vous expliquer? du moins l'injure faite au corps n'eft pas compenſée par l'éloge de quelques membres. Vous avez été très-embarraſſé, il faut l'avouer, lorſque vous avez ſonné le tocſin contre le rapport : des hommes célèbres ne pouvoient être enveloppés dans la proſcription : votre tribunal étoit incompétent, pour juger un ouvrage fait par des ſavans du premier ordre; quel parti reſtoit-il ? celui de ſuppoſer que MM. les commiſſaires académiciens avoient été étrangers au rapport, & qu'ils avoient délégué les médecins. Quand on n'oſe punir les enfans des rois, on fait tomber le châtiment, en leur préſence, ſur d'autres enfans dont le reſſentiment eſt moins à craindre.

Pour obſerver une cauſe en obſervant les effets, vous voulez, *page* 17, qu'on choiſiſſe, pour cette obſervation, la circonſtance de la plus grande énergie de ſes effets. Ainſi, en cherchant à connoître la cauſe des phénomènes électriques, vous commenceriez par l'expérience du cerf-volant, ou par celle des batteries électriques ; car, dans ces deux circonſtances, les effets ont la plus grande énergie : cette marche, Monſieur, vous écarteroit de votre but; il faudroit voir graduellement tous les phénomènes découverts avant l'expérience de Leyde, tous ceux qui ont été apperçus depuis cette époque, juſqu'à celle de la découverte immortelle de M. Franklin, & tous ceux qui ont été connus depuis. Pour prononcer ſur les effets du magnétiſme animal, il falloit ſimplifier cet objet, voir les faits iſolés, les contempler enſuite dans leur enſemble, pour avoir le droit d'aſſigner la cauſe de laquelle ils dépendent. Eſt-elle phyſique & générale? on doit exiger non-ſeulement des effets ſenſibles, mais ſuivis & inſtantanées, pour en avouer l'exiſtence. Vous nous jettez, mal-à-propos, en avant, le quinquina, pour objet de comparaiſon, *page* 20. L'action d'un remède eſt ordinairement lente, il n'en eſt pas de même d'un agent univerſel; en admettant cette différence eſſentielle, on n'a ni deux poids ni deux meſures; & cette formule, ſur l'exiſtence d'une cauſe générale, eſt très-ſaine en phyſique: elle ſeroit déteſtable en médecine; mais les médecins éclairés n'en font point uſage, & vous leur prêtez très-gratuitement le raiſonnement ridicule *de la page* 35.

Vous donnez des conſeils ſinguliers pour obſerver un phénomène qui doit réſulter de l'impreſſion d'une cauſe intérieure, ſur l'organiſation de l'homme. Quoi! lorſqu'on ſoupçonne que l'imagination produit la plus grande partie des effets du magnétiſme, il faudra du recueillement & de l'attention pour nous rendre plus ſenſible ces effets; c'eſt-à-dire, que, pour prévenir l'influence de l'imagination, il ſera néceſſaire de faire uſage des moyens les plus propres à la mettre en jeu. Les criſes magnétiques ſont, ou l'effet d'un agent physique ou de l'imagination; pour prouver qu'elles ne dépendent pas de l'imagination, il faut employer tout ce qui peut exciter cette faculté intellectuelle; telle est la manière de raisonner, que MM. les commissaires ont voulu éviter, & que néanmoins vous leur auriez conseillé.

Tantôt, vous voulez qu'on laisse agir l'imagination, & tantôt vous dites que c'est l'imagination troublée du jeune homme qui l'a fait tomber en crise aux arbres non magnétisés: vous avez appliqué aux médecins la fable du coche, ne pourrois-je point vous renvoyer à celle du satyre & du passant? M. Deslon, *dans ses nouvelles Observations*, parle aussi de l'arbre magnétisé; mais que vos deux marches sont différentes! Il n'a pas eu recours à l'imagination troublée du jeune-homme. Ecoutez, Monsieur, ce recit curieux: « Entre plusieurs raisons que je pourrois » donner pour expliquer comment & pour» quoi le jeune homme est tombé en crise » avant d'arriver à l'arbre magnétisé, je n'en » choisirai qu'une: s'il est tombé en crise » avant d'arriver à l'arbre magnétisé, *ce* » *n'a pu être* que la suite d'un travail com» mencé, peut-être, dans la voiture dans » laquelle il étoit venu avec moi, ou, peut» être, dans le traitement des jours précé» dens. » Cette nature, qui ne veut continuer son travail qu'à la distance de 27, de 36 & de 38 pieds des arbres non magnétisés, qui le finit à 24 pieds d'un quatrième arbre qui n'étoit pas même le fameux abricotier porteur d'influence. Quel langage! quel confusion! étoit-elle plus grande dans la pleine de Sennaar? Si MM. les commissaires eussent employé de pareilles armes, elles vous eussent paru bien foibles. Cependant la renommée a déjà pris sa trompette pour annoncer cette brochure : on en parle avec emphase ; on diroit que le colosse magnétique est encore sur sa base. On reproche à MM. les commissaires d'avoir oublié quelques soulagemens dont ils ont été témoins. Vous pouvez comparer ces détails avec ce que dit M. de Jussieu, à ce sujet, *page* 48. Consultez encore le même rapport sur les crises produites par la réflexion des glaces. Cette expérience me rappelle votre rêve de *la page* 45. Avec une imagination aussi brillante que la vôtre, on peut rêver très-agréablement; mais les songes ont toujours un peu le goût du terroir.

Les plus grands talens ne sont pas toujours, Monsieur, des guides sûrs pour nous conduire dans le sentier de la vérité. La lecture des ouvrages d'Hippocrate auroit pu vous apprendre que ce grand homme n'auroit jamais écrit ses traités immortels, si la médecine eût été au berceau. Les sciences & les beaux arts ont nécessairement une marche progressive ; ils éprouvent tous la foiblesse de l'enfance avant d'arriver à l'âge viril. Les chefs-d'œuvre des sculpteurs Grecs, le systême Newtonien n'auroient jamais paru à la naissance de la sculpture & de l'astronomie. Les sciences ne sont pas des métiers: si l'on ne peut être bon médecin sans pratique, on ne devient jamais bon praticien sans la théorie, & par conséquent sans les livres. On pourroit, au contraire, faire aux jeunes médecins le reproche de trop se hâter de pratiquer, avant d'avoir puisé, dans les ouvrages de leurs prédécesseurs, les lumières nécessaires pour les diriger dans l'art de guérir.

Vous faites apostropher les médecins par un raisonneur impertinent. Vous lui faites dire que la manne purge par l'une de ces trois causes, ou bien par toutes les trois à la fois; savoir, *imagination*, *attouchement* & *imitation*. Je connois des personnes qui prennent le dévoiement la veille du jour qu'elles doivent prendre médecine; j'en connois qui, en flairant ou voyant la médecine dans une fiole, sont également purgées; enfin le spectacle d'une personne qui vomit, provoque souvent le vomissement dans les spectateurs. Votre raisonneur, qui plaisante un peu longuement, ajoute « qu'il s'emparera » de l'imagination de l'homme qui aura pris » deux onces de manne avec la pincée de » follicules, les tamarins, &c. & qu'en le » frappant de quelque idée forte & vive, » le purgatif sera sans effet, & qu'alors il

» fera imprimer, *avec permission du Roi*, » que le magnétisme est ce qui fait aller à » la garderobe le jour des médecines pré- » tendues. » *page* 42. La comparaison de votre discoureur manque d'exactitude : pour empêcher l'effet des procédés magnétiques, il suffit souvent d'être incrédule, & de ne pas s'occupper de ce prétendu pouvoir : pour empêcher l'effet d'une médecine, il faudroit un de ces événemens imprévus qui suspendent les fonctions vitales. L'émétique, dans cette circonstance même, ne seroit pas sans effet : on le donne dans une attaque d'apoplexie, & souvent il réussit.

« Le rapport ne prouve rien, sinon une » envie déguisée, mais violente, de tout » prouver sans preuves, ou de prouver » beaucoup avec de petites preuves. L'art » de prouver sans preuves, n'appartient » qu'aux femmes. » *page* 48. Il faut être vieux ou malade, sans espoir de guérir, pour s'exprimer aussi légérement sur la moitié la plus intéressante du genre humain. Vous craignez toujours d'avoir mal lu le rapport, & vos craintes sont fondées : on a tant parlé d'imagination, que vous en avez peur comme de votre ombre ; mais vos doutes prouvent irrévocablement que vos frayeurs ne sont pas réelles. Il vous semble néanmoins « que » MM. les commissaires se sont contentés » de magnétiser, une ou deux fois, deux » ou trois personnes malades, lesquelles

» n'ont rien ſenti, & que, tout de ſuite,
» ils ont écrit que le magnétiſme n'étoit
» point l'indicateur des maux. Vous vous
» écriez enſuite : quelle vertu, bon Dieu,
» que la patience! »

On n'en a pas beſoin, Monſieur, en liſant l'élégant & philoſophique rapport de MM. les commiſſaires; mais on peut en deſirer pour ſoutenir la lecture de certains ouvrages dans leſquels l'imagination & la philoſophie ſe heurtent à chaque pas. MM. les commiſſaires, après avoir dit qu'un fluide indicateur des maux ſeroit un grand & précieux moyen entre les mains du médcin, ſouvent trompé par des ſymptômes équivoques, ont cherché à conſtater ce pouvoir ſur ſept malades raſſemblés à Paſſy chez M. Franklin, & magnétiſés en préſence de tous les commiſſaires, quatre n'ont rien ſenti. Il en a été de même des dix perſonnes ſoumiſes au magnétiſme chez M. Jumelin : M. R..., malade d'un reſte d'engorgement dans le foie, à la ſuite d'une forte obſtruction; un officier Américain, malade d'une fièvre réglée, n'ont éprouvé aucune action de ce fluide indicateur. C'eſt cependant ſur cette merveilleuſe propriété que le jeune docteur Rhubarbini s'appuie dans ſes queſtions pour démontrer que le magnétiſme produit des effets réels & indépendans de l'imagination.

« Les ſomnambules ont, dit-il, la faculté
» d'indiquer le mal & le ſiège qu'il occupe. »

» ce fait eſt abſolument étranger à l'action de » l'imagination d'une perſonne malade, & il a » l'avantage de pouvoir être facilement avéré. Je ne répéterai point ce que j'ai déjà dit ſur un fluide qui a toujours manqué ſon effet dans les cas où le mal ne s'eſt manifeſté par aucun ſigne extérieur ; mais l'explication haſardée par le meſmérien, nous donne, pour me ſervir de votre expreſſion, *le bilan* de ſes connoiſſances.

« Ne pourroit-on pas conjecturer, que » l'émanation, qui, dans l'homme, eſt l'agent » de la vie & de la ſanté, ſe trouve entiére- » ment interrompue ou conſidérablement » altérée dans toutes les parties de notre » corps, en qui la maladie a diminué la » force & la vie ? Sans doute auſſi, dans les » perſonnes que le magnétiſme a réduites à » l'état de ſomnambule, il ſe fait une circu- » lation de ce fluide vital, plus active, plus » pénétrante ; & quand leurs mains rencon- » trent des parties pour ainſi dire mortes, „ elles ſe retirent avec la même répugnance „ qu'on éprouveroit en touchant un cadavre, „ après avoir touché des chairs penétrées „ d'une chaleur douce & vivifiante. „

Quelle explication, bon Dieu ! Si nos mains étoient en contact avec quelque partie d'un cadavre, éprouverions-nous d'autre ſenſation que celle du froid, ſi l'idée de la mort étoit écartée, & ſi nous ignorions que nous touchons un cadavre ? Accordons, pour un moment, que le fluide mesmérien soit l'agent de la vie & de la santé; quelles seroient les suites de cette interruption? la gangrenne sèche ou humide? Le doigt d'un somnambule feroit-il connoître un cancer occulte? La tumeur est très-petite dans les commencemens; & quoique partie viciée, elle n'est pas *pour ainsi dire morte*; car elle grossit en très-peu de tems, & devient très-douloureuse. On peut faire souvent rétrograder la matière de l'obstruction; on peut la résoudre, & par conséquent la partie obstruée appartient encore à la cause de la vie. Les calculs en sont, il est vrai, indépendans, & l'opération est le seul remède dans cette cruelle maladie: c'est dans un cas pareil que je voudrois voir vos somnambules exercer leur magie; mais j'oublie les conseils du Sage, en combattant sérieusement la déraison de ce mesmérien, sur lequel M. Mesmer a opéré un changement un peu différent de celui que Circé fit éprouver aux compagnons d'Ulisse.

L'auteur des questions n'a pas manqué de prudence en les faisant imprimer, à Padoue, dans son cabinet. « Ce rapport divin, com-
» paré à certaines écritures divines que
» personne n'a plus voulu croire quand tout
» le monde les a lues, *page* 50. La méde-
» cine mise en parallèle avec la religion,
» *page* 40; les preuves que Clarke a don-
» nées de l'existence de Dieu *à priori*, appli-

» quées *d'une manière aussi satisfaisante*, à » l'existence nécessaire de la médecine, » *page* 5, &c. pourroient déplaire aux vrais » philosophes qui respectent une religion » descendue sur la terre pour le bonheur » de l'humanité. » Ce mêlange du sacré & du prophane, forme un ensemble gigantesque qui répugne même au bon goût. Dans tous les tems, Monsieur, une imagination ardente a été un présent funeste de la nature, lorsque le jugement n'est pas assis à ses côtés; les questions sont un délire continuel sur les sciences, les académies, les médecins & la médecine : elles offrent un amas indigeste de sarcasmes décousus; est-il étonnant que leur auteur, au milieu d'un désordre moral, se soit trouvé dans un cruel embarras, lorsque le mesmérien lui a démandé, « ce qu'il » entendoit par l'ordre de la nature; & s'il » a dit que la tête lui tournoit dans ce poste » sublime qu'il a spirituellement comparé à » la pointe d'un clocher, d'où le moindre » souffle le feroit dégringoler du haut en » bas avec la chaîne de causes & d'effets » dans les mains. » Le jeune docteur devoit placer l'être suprême au haut du clocher de l'univers, sa position n'eût pas été alors chancelante, & il auroit donné au mesmérien la vraie définition de l'ordre de la nature.

Un seul fait positif vaut mieux, dites-vous, que mille faits négatifs. M. Deslon va plus loin, lorſqu'il nous aſſure qu'un argument négatif ne prouve rien, parce qu'il eſt négatif; mais il n'a pas votre vernis enchanteur pour dorer cette pillule. Quelques perſonnes déſintéreſſées ont néanmoins cru qu'elle étoit faite ſelon les règles de l'art. Examinons donc les ingrédiens qui entrent dans ſa compoſition. Sur ſeize expériences de MM. les commiſſaires, ſix prouvent très-poſitivement que l'imagination produit les mêmes effets que le magnétiſme. Nous avons, dans cette ville, des exemples analogues à ceux qui ſont cités dans le rapport: vous pouviez demander à M. A***, les détails de la criſe de la nommée *Reine*, produite par la force ſeule de l'imagination. Après la quatorzième expérience, MM. les commiſſaires ont dit: *le magnétiſme ne produit rien ſans l'imagination.* Propoſition négative, il eſt vrai, mais appuyée ſur des faits poſitifs, la puiſſance de l'imagination, pour exciter, ſans magnétiſme, des criſes magnétiques Ces expériences détruiſent-elles l'agent meſmérien? « Oui, Monſieur, puiſqu'on ne » doit pas admettre de nouvelles cauſes » ſans une néceſſité abſolue, & que la » ſaine phyſique exige qu'une nouvelle cauſe » ſoit établie & démontrée par des effets » qui n'appartiennent à aucune cauſe, & qui » ne puiſſent être expliqués que par la » cauſe nouvelle. Les partiſans du magné » tiſme animal doivent donc préſenter d'au-

» tres preuves & chercher des effets qui » ſoient entiérement dépouillés des illuſions » de l'imagination. » *rapport*, *page* 33.

Si le jeune docteur Rhubarbini eût ainſi répondu à ſon interlocuteur, celui-ci auroit eu le ſort de l'antagoniſte du mouvement de la terre, dans les fameux dialogues de Galilée; mais il vouloit être battu, & il le méritoit; car celui qui demande aux graves docteurs de bonnes raiſons ou des épigrammes, & qui aime mieux encore les épigrammes, même mauvaiſes, que les raiſons même bonnes, ne pouvoit parler le langage de la raiſon. *Queſtions*, *page* 49.

« MM. les commiſſaires ont tiré de leurs » expériences, quelles qu'elles ſoient, deux » conſéquences; la première, que l'imagi- » nation ſeule produiſoit les effets attribués, » mal-à-propos, au magnétiſme; la ſe- » conde, que le magnétiſme n'étoit qu'une » chimère. » *L'imagination fait tout*, *le magnétiſme eſt nul* : voilà la vraie propoſition du rapport : le mot *ſeule* n'eſt pas dans le texte. A ce pouvoir, malheureuſement trop réel, ſe joint une action phyſique très-puiſſante, celle de l'attouchement, & ſouvent celle de l'imitation qui concourt avec l'effet de l'imagination. Telles ſont, Monſieur, non les aſſertions de MM. les commiſſaires, mais les conſéquences légitimes des ſeize expériences fondamentales de leur rapport. Je ſuis étonné que la plaiſanterie de M.

Deſlon ne ſe trouve pas dans vos doutes; & qu'en parlant de l'imitation, vous n'ayez pas dit « que la toux d'un malade devroit » faire touſſer les autres ; que le repos pro- » fond d'un ſeul devroit tenir tous les » autres en léthargie ; & que l'imitation, » miſe au nombre des cauſes des effets » magnétiques, étoit une aſſertion haſardée » dénuée de preuves & même de vraiſem- » blance. » *Obſervations*, *page* 29. On vous auroit pardonné cette conſéquence ſans premiſſes ; mais c'eſt à un médecin à qui elle appartient. On en ſera moins ſurpris, ſi l'on ſe rappelle que, ſous le titre ſingulier de *Supplément au Rapport*, il vient de faire imprimer une liſte nombreuſe de malades, ſoit diſant guéris par le magnétiſme animal. La réponſe digne de cette dernière production ſeroit la liſte, *plus nombreuſe encore*, des guériſons publiées par M. de Montgeron.

Vous reprochez à MM. les commiſſaires de n'avoir pas voulu juger du magnétiſme par les cures : que diriez-vous d'un médecin qui voudroit juger de l'exiſtence du fluide électrique par les cures électriques ? ne lui réponderiez-vous pas, avec MM. les commiſſaires, *page* 13, « que le traitement » des maladies ne peut fournir que des réſul- » tats toujours incertains & ſouvent trom- » peurs ; que cette incertitude ne ſauroit » être diſſipée, & toute cauſe d'illuſion » compenſée, que par une infinité de cures,

» & peut-être par l'expérience de plusieurs » siècles. » Vous feriez cesser le déraisonnement de ce médecin, en le conduisant vers un appareil électrique, & en le rendant témoin des effets sensibles du fluide électrique sur tous les corps. S'il insistoit encore sur la nécessité des cures pour admettre le fluide, vous lui adjugeriez mentalement la place qu'il seroit digne d'occuper. Vous n'avez donc pas lu le rapport de MM. les commissaires de la société royale ; car ils ont divisé les malades, dont ils ont suivi le traitement, en trois classes ; « les malades » dont les maux étoient évidens & avoient » une cause connue ; ceux dont les maux » légers consistoient en des affections vagues, » sans causes déterminées ; & les mélanco- » liques. »

„ Nous n'avons vu aucun des malades „ de la premiere classe guéri ou notablement „ soulagé, quoique nous les ayons suivis „ pendant quatre mois, & que d'après ce „ qui nous a été dit, quelques-uns fussent „ traités depuis une année. A l'égard des „ seconds, nous en avons vu plusieurs qui „ nous ont assuré qu'ils se trouvoient mieux, „ qu'ils avoient plus d'appétit, qu'ils fai- „ soient de meilleures digestions. Ces malades „ ne sont pas du nombre de ceux qui éprou- „ vent des convulsions, soit qu'on ne cherche „ pas à leur en donner, soit que par leur „ constitution ou l'état de leur santé, ils

„ n'y ſoient pas diſpoſés. Quant aux mé-
„ lancoliques, on ſait combien il eſt facile
„ de les affliger, de les conſoler, de ſuſ-
„ pendre pour quelque tems leurs douleurs,
„ de les occuper ou de les diſtraire, & enfin
„ combien il faut peu compter ſur leur té-
„ moignage, ſur leur guériſon & ſur les
„ ſuccès que l'on obtient dans le traitement
„ de leurs maladies. *Rapport de la ſociété Royale, pag.* 29, 30 & 31.

On doit remarquer, avec ces mêmes commiſſaires, que ces faits ne fourniroient des preuves fondées & inconteſtables, qu'avec une certitude phyſique que les malades n'auroient fait uſage que de ce ſeul remede. C'eſt par cette ſeule raiſon & par l'impoſſibilité de s'aſſurer du régime & de la conduite de quelques malades qu'ils avoient adreſſés à M. Deſlon, que ces Meſſieurs ont ceſſé de ſuivre ces mêmes malades, & de lui en adreſſer de nouveaux. Telle eſt la conduite de la ſeconde commiſſion nommée par ordre du roi. La première compoſée de phyſiciens, de chymiſtes & de médecins, a dû examiner le magnétiſme d'une manière différente que la ſeconde, dont tous les membres étoient des médecins.

Vous verſez à pleine main le ridicule ſur les neuf commiſſaires, en parlant des expériences quatorze & quinze; mais l'ironie eſt un art dangereux, ſur-tout quand elle porte

à

à faux : elle retombe alors sur son auteur : c'est la boule du pere Truchet qui revient au joueur.

Si lorsque deux pesonnes sont rapprochées, & se trouvent ensemble dans un certain rapport de situation d'entre quelques parties de leur corps, le fluide dont on les suppose chargées excitoit, dans toutes deux, une action très-réciproque, le magnétisme, les personnes mariées pourroient quelquefois, sans le vouloir, se trouver, pendant le sommeil, dans ce rapport de situation : elles se magnétiseroient l'une & l'autre, & pourroient être, le matin, somnambules & cataleptiques. Je m'étonne que ces phénomènes n'aient pas encore été observés ; ils auroient un peu augmenté le crédit du magnétisme animal.

« Le phlegmatique Germain, après avoir
„ observé son fluide dans l'homme, dans
„ les animaux & dans les végétaux, il l'a
„ suivi dans la nature entière, dans la cé-
„ leste, jusques dans la lune & dans le
„ soleil, où il s'est arrêté comme le centre
„ des émanations de cet agent universel ;
„ & dans cette route immense, ne cessant
„ pas de lier, avec son fluide, tous les
„ êtres entr'eux, par une action réciproque,
„ il a tant fait, par ses cares, que toute
„ la physique moderne s'en alloit en ruine ;
„ alors MM. les physiciens ont parlé, &
„ on devine assez ce qu'ils ont pu dire. „

Les lecteurs qui n'ont que de *foibles notions sur la physique générale & particuliere*, feroient peut-être aussi malheureux que vous ; ils pourroient croire à la physique ancienne de M. Mesmer & ne pas connoître celle de la nature : il est donc nécessaire de leur dire qu'il est une force générale dans la matière, qui paroît être une de ses qualités primordiales, & que son action exclue un fluide universel. Cette force, sans cesse agissante, a un rapport connu avec les masses & les distances, & avec la figure des parties des corps, lorsque les distances sont très-petites. La manière dont la configuration modifie la loi de l'attraction, nous est inconnue, ainsi que la cause de cette loi : d'ailleurs, quand le soleil seroit le centre du fluide mesmérien, ses émanations ne formeroient ni les esprits animaux ni le fluide animalisé : leur origine bien différente.

Les alimens qui nourrissent les animaux, sont la source du chile qui sert à former le sang, le suc nerveux, la salive & les autres liqueurs qui émanent toutes du sang. Il est essentiel de remarquer que tous nos fluides diffèrent essentiellement entr'eux, quoique le chile soit leur tige commune. De ces principes vrais, il suit que les différentes liqueurs, qui sont dans les animaux, se forment par l'action des glandes. Le *comment* est un secret qui ne nous a pas encore été dévoilé ; mais les données que nous avons, ſuffiſent pour exclure, du corps des animaux, tout fluide qui ne ſeroit pas formé par la ſécrétion des glandes. « Quel que ſoit » le ſuc nerveux, il eſt préparé par le „ cerveau, & il eſt le principe de la ſenſi„ bilité : ce ſuc ne revient pas néanmoins „ à ſa ſource ; il ſe diſſipe par l'uſage des „ fonctions animales : ſi la diſſipation eſt „ trop grande, ou s'il eſt arrêté dans ſa „ marche, les fonctions générales & parti„ tulieres languiſſent. „ *Recherches ſur la nature de l'homme, page* 36.

Si vous objectez, Monſieur, que le ſuc nerveux paſſe d'un individu dans un autre, & produit les effets attribués au magnétiſme, vous ſerez obligé de faire connoître quelle eſt la force inviſible qui pourroit le faire pénétrer par les pores de la peau ; en vain auriez-vous recours aux loix de l'équilibre, en vain me diriez-vous que tous les corps prennent la mêmé température quand ils ont ſéjourné pendant quelque tems, dans une maſſe d'air donnée. Le ſuc nerveux eſt un ſuc animal, un fluide particulier, & non un fluide univerſellement répandu comme le fluide principe de la chaleur ; le mouvement ne lui eſt point eſſentiel. S'il n'eſt plus ſoumis à l'action du cerveau, c'eſt un fluide ſans activité : au contraire, celui qui conſtitue la chaleur, ſuppoſe eſſentiellement du mouvement ; s'il ceſſoit ſur notre globe, la vie des animaux & des végétaux s'éteindroit; la terre feroit le féjour du froid & de la mort.

L'objet qui m'occupe eft trop important pour le prophaner par des écarts qui déplairoient à tous ceux qui cherchent la vérité. Vous demandez à MM. les commiffaires fi la matière fur laquelle ils fe font réfolus de travailler, étoit bonne; fi leur outil étoit en bon état, & fi leur main étoit fure? Permettez-moi de laiffer dans l'oubli les *pages* 70, 71, 72 de vos doutes. Mais comment avez-vous pu croire qu'on a voulu appliquer la phyfique terreftre à la phyfique célefte, & régler le ciel par les loix de notre méchanique, & que le ciel & la terre paroiffent fans liaifon dans les loix qui les gouvernent? Il y a beaucoup d'inconvéniens, Monfieur, à parler fur les matières qu'on n'entend pas. Newton a voulu, au contraire, régler notre phyfique terreftre par la phyfique célefte: il a été chercher, dans le cours périodique de la lune, la preuve de la chûte des graves, & la caufe de la loi de leur chûte: il a fait defcendre des cieux l'attraction, & il nous l'a préfentée fur la terre, &c.

« Ces grandes vérités ne font pas reftées
„ cinquante ans affifes fur le rivage de la mer
„ d'Angleterre, attendant le moment de
„ paffer le détroit de Calais, & ne le trouvant
„ jamais. Vous ne raifonnez pas mieux lorf-
„ que vous dites que fi la hauteur de ces

„ découvertes ne les avoit pas mises hors „ de la portée de l'envie, elle les auroit „ obscurcies de sa fange. „ L'ouvrage de Newton parut, en 1687, sous le nom de *Philosophiæ naturalis principia mathematica.* David Gregori se proposa, en 1702, d'en faciliter l'intelligence. La théorie des couleurs éprouva des contradictions. M. Mariotte manqua l'expérience fondamentale; mais M. le cardinal de Polignac, quoique partisan du cartésianisme, ayant fait venir des prismes d'Angleterre, la même expérience eut le plus grand succès entre les mains de M. Granger, & Newton en remercia M. le cardinal de Polignac.

Pour nous prouver qu'à l'époque de l'entière ignorance, la tête de l'ignorant est ouverte à tous les nouveaux mensonges; & qu'à l'époque de la démi-science, la tête du savant est fermée à presque toutes les vérités nouvelles, vous supposez « qu'un homme „ du fond de l'Amérique, se fût levé pour „ crier, écoutez-moi: j'ai le pouvoir d'attirer la foudre du ciel, & je puis souvent „ la forcer à tomber sur le point de la terre „ qu'il me plaît de choisir. „ Quelle risée d'un pôle à l'autre! La risée n'auroit pas été déplacée, Monsieur, si cet homme avoit voulu être cru sur sa parole. L'illustre M. Franklin étoit peu connu à cette époque célèbre; il annonçoit un fait très-extraordinaire; en donnant les moyens de le vérifier, ſa découverte fut reçue avec les plus grands applaudiſſemens.

Si M. Montgolfier nous eût dit : « hommes qui rampez, apprenez qu'avec un „ rechaud ſous mes pieds, & quelques „ aunes de toile autour de mon corps, je „ puis m'élever, avec de très-grands fardeaux, au plus haut des airs, » un phyſicien inſtruit lui auroit répondu : Monſieur, ſoyez plus modeſte, le rechaud ſeul eſt votre bien (*). Mais ſi le tribunal dont vous parlez, eût été composé d'hommes qui ne fuſſent ni médecins ni académiciens, quoique de très-grands écrivains, on auroit bien pu, j'en conviens, juger M. Franklin & M. Montgolfier, dignes des petites maiſons.

« Vous parlez, Monſieur, des diſpoſitions du cœur des médecins juges du „ magnétiſme animal, & vous leur dites „ qu'il falloit que leur cœur fût capable de „ dédaigner l'intérêt de leur propre corps: „ vous tâchez d'adoucir ce que vous voulez nous faire entendre, en ajoutant que „ n'ayant pas l'honneur de les connoître, „ vous ne raiſonnez que ſur le cœur humain, „ & non ſur celui des commiſſaires médecins: „ vous vous déchaînez contre le corps des „ médecins, contre l'intérêt de corps &

(*) Voyez le rapport de l'académie de Lyon ſur l'expérience aéroſtatique du 19 Janvier 1784.

„ contre l'esprit de corps : *frappe toujours,* „ *dit Machiavel, la cicatrice reste.* „ Vous apostrophez les médecins commissaires, & après leur avoir dit que leur art est presque toujours dangereux, que, dans les maux, la nature seule est utile, vous leur demandez ce qu'ils deviendront, si ce secret court le monde. Ne seroit-ce pas le cas de répéter ici votre touchante exclamation de la *page* 21 ? Où sommes-nous donc réduits, bon Dieu ! Que deviendroit la société, s'il falloit détailler les corps qui la composent ? Je m'en rapporte à vous, qui connoissez, mieux que moi, tous les membres subalternes qui rampent dans le temple de la jmstice. Serois-je fondé, si j'étois aussi favorisé que vous des dons la nature, à les employer pour avilir le corps des magistrats, & l'ordre qui se voue, par état, à défendre la vérité ? Quoi, Monsieur ! parce que le corps respectable du clergé a des membres qui le déshonorent, il n'y a donc point de prélats & de curés qui connoissent & remplissent leurs devoirs ; le corps de la chirurgie, plus nombreux que celui des médecins, doit compter, parmi ses membres, beaucoup plus d'ignorans, que les facultés & les collèges de médecine, la chirurgie en est-elle moins un art utile ? Il y a de mauvais médecins, & il y en a d'ignorans, personne ne l'ignore ; la médecine en est-elle moins une science réelle ? Les plus grands médecins ont dit, dans tous les tems, que, ſans la nature, ils ne pouvoient rien, que tous leurs efforts devoient tendre à l'aider ; & que le plus grand médecin étoit celui qui l'écoutoit & qui la ſecondoit. Vous en comptez dix ou douze en France : vous nous rappellez par là la ſatire de Boileau contre les femmes ; ces deux déclamations ſont à peu-près de la même force.

L'anatomie n'a pas échappé à vos lugubres pinceaux « Vous nous préſentez un homme » le fer à la main, qui s'avance, déchire & » ouvre de toutes parts un cadavre encore » chaud. » Vous pouſſez un cri d'horreur & vous auriez raiſon ſi votre horrible tableau n'étoit pas heureuſement imaginaire. On ouvre les morts, mais l'anatomiſte ne trempe point ſes mains dans le ſang fumant d'un cadavre : il attend que la mort ait aſſuré ſon empire. Sans ſes travaux heureux & néceſſaires, pourroit-on pénétrer dans le corps humain pour en arracher les cauſes inévitables de ſa deſtruction ? Que de victimes enlevées à une mort certaine par cette partie de la médecine qui n'a fait de progrès, que par l'ouverture & par la diſſection des cadavres !

Il a fallu couvrir d'aſſaſſinats, inonder de ſang tout un hémiſphere, avant que de trouver l'écorce qui doit guérir la fievre. La ſoif des richeſſes que nous ſoupçonnions dans le Nouveau-monde, & non le deſir d'avoir le quinquina que nous ne connoiſſions pas, a fait verſer le ſang des infortunés habitans du Pérou & du Mexique; mais jamais il n'a coulé pour enrichir l'art de guérir, de nouveaux médicamens. *Comment, avec un cœur ſimple pour diſcerner les loix morales de la nature*, vous êtes-vous livré à des écarts ſi oppoſés à cette morale? En attaquant une erreur même réelle, il faut s'interdire les perſonalités; les comparaiſons & les injures ne ſont pas des raiſons, & on revolte un lecteur ſage, en combattant avec des fleches morales auſſi meurtrieres que les fleches empoiſonnées de quelques ſauvages du Nouveau-monde. La réimpreſſion de vos doutes ne juſtifie pas la maniere dont ils ſont écrits; les ſatires violentes ont eu le même ſuccès.

« Ce n'etoit pas aſſurément au milieu de la fluctuation continuelle de l'homme, ſurtout de l'homme civiliſé, qu'on pouvoit ſe flatter d'aſſeoir des vérités invariables ſur le magnétiſme animal; il falloit lui chercher d'autres lieux; il falloit l'obſerver dans les végétaux, & enſuite chez les animaux. » Ces expériences ſur les animaux ont été faites en province, je le ſais, & même dans une ville où vous vous êtes ſoumis au magnétiſme à différens baquets: vous en trouverez ci-deſſus les détails.

Voici donc, Monſieur, la marche que MM. les commiſſaires auroient dû ſuivre. Des végétaux aux animaux, des animaux aux enfans, enſuite en reculant, aux hommes & aux hommes de la campagne que vous connoiſſez beaucoup : vous vous arrêtez en beau chemin : de l'homme il falloit aller aux planètes, magnétiſer la lune pour diriger ſes influences, & les faire deſcendre à volonté ſur les habitans de notre globe. Je ne plaiſante point, l'on peut magnétiſer à une ou deux lieues, ſelon l'auteur des *Réflexions impartiales :* l'influence magnétique, ſuivant d'autres magnétiſeurs, peut s'étendre de Lyon à Pékin; il eſt auſſi facile de magnétiſer la lune.

M. le marquis de Puiſégur eſt un hors-d'œuvre dans le procès que vous intentez à la médecine, aux commiſſaires & aux médecins. Quelle que ſoit la cauſe des guériſons de Buzancy, le ſeigneur reſpectable de ce canton eſt un ſeigneur bienfaiſant qui s'attendrit ſur les malheureux qui l'environnent, qui n'a d'autres vues que le bien de l'humanité, & qui a pu guérir & ſoulager ſans que le vieux orme ait eu aucune influence magnétique. Apreès vos réflexions ſur ces cures végéto-magnétiques, on ne doit pas être étonné du plan d'expérience que vous propoſez, & que vous réduiſez à obſerver l'action du magnétiſme dans les deux extrêmités de la chaine qu'il eſt permis à l'homme de tenir dans ſes mains. Le monde ſavant fera, Monſieur, votre apothéoſe, quand vous aurez la bonté de lui faire connoître les extrêmités de la chaine immenſe des êtres, dont juſqu'à vous, quelques intermédiaires ſeulement étoient parvenus à ſa connoiſſance.

Les ſomnambules dont vous nous parlez, *pag.* 108, les avez-vous bien examinés ? avez-vous remarqué la différence de ce ſomnambuliſme avec celui qui eſt une ſuite naturelle d'un déſordre dans l'économie animale ? Avéz-vous fait les expériences néceſſaires pour affirmer que ces médecins extatiques découvrent & déſignent avec préciſion l'eſpece & le ſiege de la maladie des autres malades dont ils s'approchent. J'ai vu vos prétendu-médecins ; ils reſſemblent ſouvent aux diſeurs & aux diſeuſes de bonne fortune. Avez-vous bien examiné ce délire magnétique & momentanée, à la ſuite duquel ces ſomnanbules & ces cataleptiques ſe trouvent ſouvent ſans maladies ? Comparez-les avec Mlle. Authemant dont parle M. Pomme (*) Toutes

(*) Cette demoiſelle avoit des convulſions affreuſes accompagnées de ſymptomes auſſi effrayans que terribles. Si l'on verſoit ſur ſon corps une ſeule goutte d'eau, le mal redoubloit avec une fureur capable d'alarmer. Après pluſieurs remedes, le délire parut. Son viſage étoit riant, ſon humeur agréable ; elle tutoyoit indifféremment les uns & les autres. Comme les facultés de ſa main droite étoient interdites par une paralyſie ſurvenue ; elle peignoit avec la main gauche, & brodoit avec une dextérité merveilleuſe. Les productions de ſon eſprit n'étoient pas moins ſurprenantes que celles de ſa main : elle nous récitoit des vers où l'on remarquoit toute la délicateſſe poſſible quoiqu'ils fuſſent ſes prmiers-

les merveilles des somnambules magnétiques sont calquées d'après de semblables tableaux : mais quelle différence dans les causes ! Lisez, Monsieur, le traité des affections vaporeuses, & vous serez convaincu que ces phénomenes extraordinaires supposent un très-grand dérangement dans les fonctions animales.

L'activité du fluide solaire est prodigieuse ; & ses effets peuvent devenir meurtriers, lorsque les rayons du soleil interceptés par un nuage, s'en dégagent subitement & tombent en masse sur un individu. Le fluide universel de M. Mesmer s'échapperoit, au contraire, de tous les points de notre corps & dans tous les tems ; loin qu'un doigt dirigé puisse augmenter ses effets, cette direction diminueroit son énergie. C'est ainsi qu'une pointe placée près d'un conducteur électrisé, le prive du pouvoir de donner.

---

nés. Ce délire ingénieux étoit périodique, & revenoit quelquefois irréguliérement. Dans un délire subséquent, elle se souvenoit de tout ce qu'elle avoit dit dans celui qui l'avoit précédé. Sa mémoire la servoit au mieux ; elle redemandoit sa plume, son fil & son aiguille, pour finir les ouvrages qu'elle avoit ébauchés. Rendue à son état naturel, elle ne savoit pas faire un vers.

Une autre malade s'évanouissoit, lorsque la fenêtre de sa chambre étoit ouverte ou fermée un peu plus qu'il ne falloit : elle avoit des accès d'épylepsie ; elle eut ensuite des attaques de catalepsie, pendant lesquelles il lui arrivoit de commencer un mot qu'elle ne finissoit qu'en sortant de son paroxisme. *Traité des affections vaporeuses*, *pag.* 39 & 43.

des étincelles : d'ailleurs, les fluides les plus actifs n'ont des effets sensibles qu'en s'accumulant & en se condensant ; comment pouvez-vous donc nous dire, « que la théorie de M. Mesmer est vraisemblable en elle-même ; & que la prétendue correspondance universelle des êtres est formée & entretenue par un seul fluide qui est toujours le même, qui se modifie dans les différens êtres, & forme ainsi, par-là, les diverses modifications qui les distinguent à nos yeux. »

Vous avez raison, Monsieur, de douter *si vous dites bien* ; Mais *c'est ainsi que vous l'avez conçu*, vous concevez quelquefois des théories fort extraordinaires. Vous demandez, par exemple, " si l'imagination ne seroit point un des phénomènes du fluide dont on nie l'existence & l'utilité ; & si le fluide, ministre de toutes les fonctions vitales de l'homme, ne seroit point aussi celui de toutes les fonctions intellectuelles. Hélas ! MM. les commissaires n'auroient fait que tourner autour de M. Mesmer, au lieu de le terrasser ; & il ne valloit pas la peine de se quereller pour un fluide appellé *esprits animaux* par les uns, & *fluide animalisé* par M. Mesmer. „ *page* 60 & 62. Il vous a plu de l'assimiler avec le principe de la végétation dans cette exclamation singulière de la *page* 77. " Quoi ! ce fluide universel pénètre par-tout ce grand arbre, & filtre dans les canaux de la sève qui l'anime !

c'eſt lui qui produit les feuilles, les fleurs & les fruits, comme il produit, quand il eſt filtré dans les nerfs de mon cerveau, la penſée, le mouvement & la vie! „ *La petite note inſérée au bas de la même page, eſt un correctif bien léger.* “ Quoi! mon fils & ce jeune ormeau, à l'ombre duquel je le vois aſſis, ce ſont deux êtres du même âge, ſe développant & croiſſant dans le ſein de la nature par la force du même agent! ils reçoivent & ſe rendent tour-à-tour ce fluide qui circule de l'un à l'autre par le bien commun de tous deux! Tous les êtres ſont donc mes frères; & la nature n'eſt donc qu'une mère commune? »

La nature eſt un grand mot dont il faut fixer le ſens. La nature eſt l'aſſemblage des forces actives & générales créées par ſon auteur, du ſein duquel tous les êtres ſont ſortis, mais ſans être frères, parce que leur nature eſt abſolument différente. Vous faites entrer les végétaux dans notre famille; vous auriez eu le même droit d'étendre notre parenté juſqu'au règne minéral: car les pierres, les métaux, ſont, ainſi que nous, l'ouvrage du tout-puiſſant. Quel étrange abus de ces mots, *la nature eſt une mère commune!*

L'enthouſiaſme vous a conduit trop loin. Ecoutez un des maîtres de l'art, M. Fabre, dans ſes *Recherches ſur la nature de l'homme*, *page* 248. « Quels ſont les organes qui ſont plus parfaits dans l'homme que dans les animaux? ce ne ſont point les ſens extérieurs; tout eſt compenſé de ce côté là: car quoique la plupart des bêtes ſoient privées du toucher, il y en a beaucoup qui ont les autres ſens plus parfaits que l'homme. Ce n'eſt point le ſens intérieur; car les animaux ont les organes du ſentiment & du mouvement, relativement à leur appétit, bien plus ſûrs & bien plus actifs; ce ſeroit donc le cerveau qu'on pourroit ſoupçonner d'être plus parfait dans l'homme que dans les animaux: mais en quoi conſiſte cette perfection dans une ſubſtance molle & inſenſible, & dont l'uſage paroît être borné à donner naiſſance aux nerfs, & à filtrer un fluide principe de la ſenſibilité dans les bêtes & dans l'homme? »

L'intervalle eſt immenſe entre nous & les animaux: il ne l'eſt pas moins entre ces derniers & le règne végétal, du moins dans les animaux organiſés intérieurement à-peu-près comme nous. L'anatomie comparée, nous a fait connoître la prodigieuſe différence de notre organiſation & de celle des ſubſtances du règne végétal: tout eſt abſolument diſſemblable, juſqu'au fluide même & juſqu'au principe de la vie. Lorſque vous nous dites que l'imagination n'eſt qu'une mémoire plus active & plus prolongée que la mémoire, avez-vous en vue l'imagination active ou l'imagination paſſive? Cette dernière eſt commune aux hommes & aux animaux : l'imagination active, dit M. de Voltaire, arrange les images reçues, joint les réflexions, la combinaiſon à la mémoire ; elle rapproche pluſieurs objets diſtans; elle ſépare ceux qui ſe mêlent, elle les compoſe & les change ; elle ſe ſert de la mémoire comme d'un inſtrument avec lequel elle fait ſes ouvrages ; mais elle ne fut jamais l'effet des eſprits animaux. L'imagination paſſive reçoit le magnétiſme animal : l'imagination active le rejette. Enfin, je vous dirai, avec l'auteur de l'*Eſſai ſur l'origine des connoiſſances humaines*, « que l'imagination réveille les perceptions mêmes ; que la mémoire n'en rappelle que les ſignes & les circonſtances ; & que, par conſéquent, ces deux facultés ne ſont pas les mêmes. »

L'imagination & la mémoire vous ont admirablement ſervi en écrivant vos doutes : l'une vous a rappellé toutes les vieilles accuſations intentées, dans tous les tems, contre les médecins ignorans : l'autre vous a donné l'art de les rajeunir & d'en varier l'expreſſion. « Le magnétiſme enlève aux hommes une illuſion utile ; il les écarte de la médecine & des remèdes, *page* 3. Seroit-il chimérique, il deviendroit utile aux hommes, en ſauvant pluſieurs d'entr'eux, des dangers inconteſtables de la médecine vulgaire, *page* 109. il les garantiroit des funeſtes réalités des médecins, & feroit, en phyſique, la plus utile

utile des erreurs, comme peut-être l'instinct de la bienveillance l'est en morale.» L'homme est né bon, Monsieur : s'il est quelquefois modifié différemment, c'est la suite de l'influence des causes morales. Toute ame sensible doit lire avec peine votre parallèle qui, semblable à certains aventuriers, a bien l'air de courir le monde, sans faire fortune.

Les dangers incontestables de la médecine vulgaire consistent dans l'ignorance du tempérament des malades, dans l'uniformité des remèdes ordonnés par les médecins : ces inconvéniens réels se retrouvent dans les traitemens magnétiques. Ceux qui s'enchaînent autour de la nouvelle piscine, n'ont ni la même constitution physique, ni la même *modification de la maladie générale*, pour parler le langage mesmérien. On voit autour du baquet quelques hommes, beaucoup de femmes, & quelquefois des enfans : s'il s'en exhale des émanations, elles sont reçues par des êtres de différens sexes & de différens âges : tous communiquent entre eux & avec l'intérieur de ces baquets : tous par conséquent sont imbibés de cette influence moderne. Voilà, Monsieur, *la manne, la pincée de follicule, les tamarins*, &c. pour nous purger. Après ces préliminaires, les magnétiseurs agissent, par l'application de leurs mains en différens endroits du corps, selon le siège du mal : c'est le moment des crises. J'ai vu, Monsieur, une fille magnétisée, éprouver tous les mouvemens & les convulsions des maniaques; je l'ai vue s'élancer de l'extrêmité d'une salle à l'autre, renversant tout ce qu'elle rencontroit sur son passage, pour se rapprocher de son magnétiseur. Cet affreux spectacle me rappella les orgies & le sort de Panthée. Quoique ces scènes infernales ne soient pas fréquentes dans les traitemens de cette ville, il est *de principe* que les magnétiseurs ont le pouvoir de les procurer. Si cette puissance est réelle, les procédés magnétiques sont très-dangereux : l'art de faire tomber en crise est un art funeste : une crise légère & une crise forte ne diffèrent que par leur intensité.

Monsieur, Monsieur, vous êtes un ancien malade : vous avez été trompé par la médecine depuis vingt ans. Quelle est donc votre maladie? Le magnétisme, *ce spécifique universel*, a échoué devant elle. J'étois un jour occupé de quelques-unes de vos assertions que je trouvois très-belles, parce que je ne les comprenois pas. Mes paupières s'appésantirent; un sommeil doux & tranquille s'empara de toutes mes fonctions volontaires; je crus vous voir, vêtu de la robe de Rabelais, au milieu d'une nombreuse collection de livres de médecine ; vous consultiez ces auteurs dangereux; vous compariez les symptômes des maladis observées avec celle qui vous afflige ; vous examiniez les formules médecinales; vous mettiez en réserve celles dont vous vouliez faire usage ; &, après ce travail pénible & délicat, vous parliez le langage de la médecine à-peu-près comme les médecins de la réception burlesque : je tremblai pour vos jours, ou au moins pour votre santé ; car une maladie mal commencée devient souvent incurable. La frayeur me réveilla, vos charmans doutes étoient encore dans mes mains, & je n'entendis point *ce carillon de cloches d'église qui sonnoient des enterremens, à fendre les nuages.* Si ce songe étoit mystérieux, vous auriez grand tort de crier contre la médecine & les médecins. Mais mon rêve est un désordre de mon imagination, puisque vous nous assurez que le magnétisme vous a soulagé, & que vous croyez même, en votre conscience, qu'il vous auroit guéri, si vous aviez eu la patience & le tems de l'être. La probabilité est contre votre soulagement. Quand on souffre depuis long-tems, la moindre diminution de nos maux nous attache invinciblement aux remèdes qui nous l'ont procurée : vous avez néanmoins préféré *l'honneur* de vivre au milieu des habitans de la campagne, de les voir magnétiser, de les voir répondre avec une candeur & une *phlègme qui vous subjugue*, & de jouir de leur visage qui est *pour vous un serment.* La nouveauté de vos expressions embarrasse quelquefois vos lecteurs.

Un commentaire ne seroit pas inutile

pour ce passage *de la page*. 111. « Il est arrivé, dans la médecine, le contraire de ce qu'on voit dans les autres sciences : il en est peu qui vaille mieux que les savans ; &, par un contraste singulier, il est peu de médecins qui ne vaillent mieux que la médecine. » C'est ici, Monsieur, & non dans l'expérience de la fille *enchâssée*, qu'il faudroit *être un lynx* pour deviner votre énigme, si le mot n'étoit dans la page suivante. Vous nous dites que la médecine paticulière est l'œuvre des cinq sens & des dix doigts de chaque médecin, le *palladium* de sa gloire personnelle ; qu'ils défendent la médecine générale, non pas comme une science qu'ils croient vraie, mais comme un état qu'ils ont payé ; & que, quoique ennemis mutuels, pour leur médecine particulière, ils sont tous réunis contre ceux qui s'avisent de mettre en question la médecine même. On lisoit cet endroit de vos doutes dans une cotterie de magnétisées, de médecins & de chirurgiens magnétisans. Les rieurs n'étoient pas pour les facultés & les collèges de médecine ; mais un de ces hommes qui n'aiment pas la plaisanterie du style, dans le genre sérieux, fit cesser cette convulsion, en rappellant quelques réflexions du chevalier de Jaucourt. « Le succès de la plaisanterie dépend, nous dit-il, moins de la finesse d'esprit de l'auteur qui l'emploie, que de l'attention qu'il porte à ne ridiculiser que les hommes ou les choſes qui ne ſont pas du goût de la cotterie. Celles de l'auteur des doutes roulent preſque toujours ſur des rapports faux & équivoques. Quand il nous dit, par exemple, que les médecins conviennent du pouvoir ſouverain de la nature, à-peu-près comme les maires du palais convenoient de l'autorité de nos rois fainéans, en prétendant tout faire à leur place, & les détrônant à leur fin. » Quel médecin inſtruit a jamais ſuppoſé la nature en inaction ?

La Nature eſt inépuiſable,
Et le travail infatigable,
Et le Dieu qui la rajeunit. LA MOTTE.

Vous avez oublié, Monſieur, dans vos doutes, une des plus grandes merveilles magnétiques : le meſmérien de M. Rhubarbini ne l'a point rappellée ; cependant elle méritoit une place parmi ſes queſtions. Dans un traitement de cette ville, une fille en criſe convulſive eſt attirée invinciblement par le doigt ou la baguette de fer de ſon magnétiſeur : elle devient un automate docile qui va, vient, avance, recule & ſuit tous les mouvemens du thaumaturge moderne qui lui commande inviſiblement ; car elle ne le voit que des yeux de l'eſprit, les autres ſont fermés. Ce pouvoir attractif eſt, dit-on, une preuve ſans replique de la réalité du fluide magnétique ; c'eſt-à-dire, d'un fluide abſolument idéal, car aucun agent de la nature, aucune force générale, n'eſt capable de cette attraction particulière. Si je ne craignois d'abuſer de la patience des lecteurs, je dirois que cette expérience eſt contraire aux conjectures du jeune docteur. Si *le fluide vital circule d'une manière plus active dans les perſonnes en criſe que dans les magnétiſeurs*, ces derniers doivent être attirés par les filles en convulſion, en ſuppoſant, avec le docteur Rhubarbini, que le fluide univerſel jouit alors d'une plus grande activité & d'une plus grande énergie. Si nous écartons cette ſingulière explication, les deux maſſes étant ici à-peu-près égales, l'attraction ſeroit égale & mutuelle : les magnétiſés ſeroient donc immobiles dans cette occaſion ; & comme les forces morales ont à-peu-près la même intenſité, l'imagination de la perſonne attirée doit être de niveau avec celle de l'être attirant : cette expérience eſt donc très-mal imaginée.

Dans le nombre des obſervations du meſmérien, on en trouve une qui a un rapport direct à cette fameuſe expérience. Il parle à M. Rhubarbini du galetas des convulſionnaires : il lui dit, que ſi un homme en manteau long, *qui n'eſt pas la livrée de la vérité*, lui annonçoit que Dieu, par une volonté particulière, va changer l'ordre éternel & général des choſes, en agitant & diſloquant les membres d'un énergumène, mâle ou femelle, il s'enfuiroit de ce galetas, ou qu'il y resteroit pour rire. Le jeune docteur auroit pu répondre au mesmérien : vos convulsions sont une agitation, une dislocation, une contorsion de membres : celles qui les éprouvent ont toutes les caractères des énergumènes ; l'ordre général & éternel seroit changé, si le somnambule indiquoit la nature & le siège du mal, si l'on magnétisoit à des distances quelconques, ou à travers un mur ; si on lisoit malgré les corps opaques interposés entre les caractères & les yeux ; si l'on commadoit à l'ame de son semblable, & si l'on faisoit mouvoir, à volonté, les membres des personnes en crise : qu'auroit répondu le mesmérien ? auroit-il cité des faits ? Quand ils sont en contradiction avec les principes connus, ils prouvent le peu de connoissance de ceux qui les avancent ; « Il faut, dit M. Hume, considérer immédiatement lequel des deux est le plus probable, ou que le fait soit arrivé comme on le rapporte, ou bien que celui qui le rapporte se soit trompé ; il faut peser un fait contre l'autre, décider de leur grandeur, & ne manquer jamais de rejetter le plus grand. C'est uniquement lorsque la fausseté du témoignage seroit plus miraculeuse que le fait raconté, que la merveille a droit de captiver notre croyance, d'entraîner notre opinion. » *Essais philosophiques sur l'entendement humain. tom. II, pag.* 29.

Quand les faits ne sont qu'extraordinaires,

on est obligé d'en développer la cause. Les planètes, roulant dans un orbite courbe, sans aucune force visible, seroient des phénomènes très-étonnans pour nous, si l'habitude de les voir ne nous rendoit insensibles à ce spectacle. La terre enchaînée invisiblement dans l'espace, parcourant l'écliptique d'un mouvement tantôt retardé, & tantôt accéléré: toutes les planètes, soumises invisiblement aux deux loix de Kepler, sont des faits vraiment miraculeux. L'homme en a développé la cause, en rendant hommage à l'être infini qui, par deux forces constantes & opposées, a voulu que tous les corps de notre systême fussent victorieusement assujettis à l'astre imposant placé au foyer commun de toutes ces courbes. Les miracles mesmériens sont, pour la plupart, des phénomènes errans, sans loix, sans principes physiques, opposés au contraire, aux causes & aux loix générales. Notre jeune docteur eût jetté le mesmérien dans un grand embarras, s'il eût dirigé contre ce raisonneur, les armes que la nature lui offroit.

Tout est extraordinaire dans les écrits des partisans du magnétisme animal. On diroit que le fluide mesmérien influeroit sur les têtes de ses défenseurs. M. Deslon fait dire à MM. Thouret & Andry, *dans leur Rapport sur l'usage de l'aimant, dans les maladies nerveuses, & sur-tout dans l'épilepsie*, que ces faits semblent annoncer, dans le corps humain, une ſorte de magnétiſme, un nouvel ordre de rapport qui lieroit notre exiſtence à l'état de notre athmoſphère, & qu'ainſi le corps humain auroit donc ſon magnétiſme propre & particulier, qu'on pourroit appeller le magnétiſme animal. Cependant *ce rapport ne préſente rien de pareil ni même d'approchant;* & M. Deſlon *a pris une réflexion du redacteur du journal pour un paſſage du rapport.* Journal de Paris, du mois de Décembre, N°. 337.

Dans les mêmes obſervations, M. Deſlon dit encore que, ſi le magnétiſme n'étoit rien, on ne le pourſuivroit pas avec autant d'acharnement; la théorie de M. Meſmer, du moins celle que nous connoiſſons, n'eſt rien; les procédés ſont réels. MM. les commiſſaires ont prononcé ſur le danger d'exciter des convulſions que le magnétiſme n'eſt pas toujonrs le maître de calmer; ils ont dit que les cauſes morales influoient ſur l'action magnétique, & qu'elles étoient capables de produire les mêmes effets; que le magnétiſme ne produiſoit rien ſans leur concours, & que le fluide, qu'on faiſoit intervenir gratuitement dans le traitement, n'exiſtoit pas; mais on ne trouve, dans leur rapport, ni acharnement, ni fanatiſme, ni injure contre M. Deſlon: ils ont rempli leurs fonctions avec dignité. Ils ont laiſſé le ſyſtême meſmérien dans l'oubli; parce que l'enſemble n'étoit pas encore publié; parce que le ſommaire imprimé n'étoit pas avoué par M. Mesmer ; & peut-être, parce qu'une hypothèse, qui explique tout, n'a pas mérité, à leurs yeux, les honneurs de la réfutation.

Vous apostrophez la plus grande partie de la nature humaine, lorsque vous vous écriez : combien de femmes, d'hommes, & même d'académiciens, ajouteriez-vous, *si vous ne craigniez pas la profanation*, croient ce qu'ils imaginent ; & vous avez dit, sans être ni médecin ni physicien, sur le magnétisme & sur les rapports, tout ce que vous avez imprimé. Ce Montaigne, qui *étoit l'ami de tout le monde, excepté celui des médecins ;* ce Rousseau, qui *consentoit à recevoir la médecine, pourvu qu'elle vînt sans médecin ;* & vous, Monsieur, qui *voulez le médecin sans la médecine ;* ce M. Rhubarbini qui nous apprend que les médecins & les académiciens sont les ennemis naturels, & les ennemis les plus éclairés, de M. Mesmer ; qui fait instrumenter les jésuites & MM. de Pore-Royal, à huis-clos, chacun dans leur tripot, les uns pour les miracles de Pâris, les autres, pour les prodiges opérés par saint François-Xavier ; & tant d'autres singularités forment une bigarure réjouissante pour un certain genre de lecteur ; mais comment le jeune docteur n'a-t-il pas fait usage du *malheureux argument de la récrimination*, pour confondre son mesmérien, lorsque ce dernier ose lui dire, que les acteurs de ces ſpectacles, dont l'imagination eſt l'ame, ſont, pour l'ordinaire, des hommes de quelque parti, intéreſſés ou ſéduits : je ſupprime le reſte du paſſage. *Queſtions*, *pag.* 33.

Le meſmérien, qui joue un rôle brillant dans les Queſtions, nous aſſure, *pag.* 33, „ que M. Meſmer, en laiſſant l'accès du „ magnétiſme libre à tout le monde, ne „ vouloit pas ſaiſir les imaginations : il cite „ quelques pauvres baquets de province, „ ſans décoration, ſans muſique, ſans pa- „ rure chez les malades ». Permettez-moi de renvoyer ce raiſonneur à la *pag. 6 de vos doutes*. Il y verra l'impreſſion que ces baquets provinciaux ont fait ſur votre ame ; d'ailleurs les précautions que prennent les chefs du magnétiſme, avant d'initier leurs éleves, nous font voir que *ſans trier les acteurs ſur le volet*, on s'en aſſure au moins par leur ſignature & par les liens de l'honneur avant *de lever le rideau & de jouer chaudement*. Telle eſt, Monſieur, la marche qui a procuré tant d'atteſtations en faveur du ſyſtême meſmérien : vous les verrez bien tôt cités, en preuve de cette doctrine, dans un gros ouvrage dont nous ſommes menacés.

Vous terminez vos doutes par une proſopopée : le docteur Rhubarbini qui a, dit-on, l'honneur de vous être connu, met fin à ſes queſtions par un raiſonnement ſur la nature, ſur la médecine, ſur le magnétiſme animal, & c'eſt encore le meſmérien qui en fait tous les frais. Il le termine en nous demandant :

« Quel eſt donc l'attrait des baquets pour la
» nature, qui paroît ſi ſouvent ne vouloir
» opérer qu'auprès d'eux ; il faudra donc en-
» core ſe ſoumettre à cet inexplicable ca-
» price, & conduire les malades à ces baquets
» comme à une eſpece d'Hôtel-Dieu de la
» nature. » Qu'il ſeroit facile, Monſieur,
de ridiculiſer cette déſagréable image : j'aime
mieux eſſayer de faire parler la nature à mon
tour. Heureux ſi j'avois votre brillante imagination, & ce ſtile enchanteur qui maſque
le vide d'un raiſonnement & la frivolité des
objections, des queſtions, des conſidéra-
tions, &c. Comme je n'ai ni le malheur d'être
un des damnés de la médecine ni l'honneur
d'être médecin, vous ne me ſoupçonnerez
pas d'avoir ſur les yeux *le bandeau impénétrable de l'habitude & du préjugé, ou le bandeau
plus impénétrable encore, celui de l'intérêt.* Prê-
tez-vous un moment à l'illuſion : La nature
conſultée par un jeune homme qui veut ſe
faire médecin, pourroit lui répondre :
« Tremble, mon enfant, à la vue de l'état
» que tu veux embraſſer. L'homme eſt le
» plus étonnant de mes ouvrages ; le prin-
» cipe de ſa vie eſt inconnu ; les reſſorts,
» qui ſoutiennent l'action des fonctions vita-
» les, ſont multipliés à l'infini ; les uns ſont
» viſibles, les autres ſeront toujours ſouſ-
» traits à tes yeux. Ce principe de la ſenſi-
» bilité a, pour intermède, un fluide com-
» mun à tous les êtres ſenſibles, renfermé

» dans des canaux, dont on n'a pas encore » vu les cavités ; on ne peut former que » des conjectures incertaines fur fa nature, » fur fon action, fur la manière dont elle fe » propage, & fur cette foule de phénomènes » qui en font la fuite.

« L'homme commence par un point » imperceptible ; il fe développe par une » fuite de métamorphofes dont je me fuis » réfervé le fecret. J'ai choifi, pour le faire » naître, un feul & unique moyen ; mais » je l'ai foumis au choc d'une foule d'agens » qui peuvent le détruire. Les caufes fecret- » tes & lentes de fon dépériffement ne font » pas mieux dévoilées que celles de fon » accroiffement. L'homme doit fouffrir, » parce qu'il eft né fenfible, & qu'il faut » des efforts pour détruire mon ouvrage : » il doit mourir, parce que j'ai fufpendu » mon pouvoir créateur, & que j'ai voulu » alimenter les races futures par l'extinction » des races préfentes. Par-là, ma force pro- » ductrice eft dans une jeuneffe permanente, » & j'ai un fond de fubftance affuré pour » la modification de tous les êtres matériels.

» Tremble, mon enfant, tu feras néceffaire- » ment des fautes dans l'exercice de l'art de » guérir. J'ai tout fait avec peu de principes : » leur différente combinaifon forme les folides » & les fluides du corps humain ; le myf- » tère eft dans la dofe, un voile impéné- » rable la dérobe aux yeux. Le tems eft

» mon inſtrument : l'homme ne fait que » paroître & diſparoître : il a deux enfances : » & le plus vieux n'a pas fait uſage de ſa » raiſon pendant trente ans. La nature hu- » maine eſt compoſée, dans chaque indi- » vidu, de deux ſubſtances eſſentiellement » différentes. Malgré l'hétérogénéité de leur » nature, je les ai rendues dépendantes l'une » de l'autre : par-là, l'homme eſt difficile à » gouverner ; par-là, j'ai impoſé aux méde- » cins la néceſſité de diſtinguer, dans un » malade, l'inſtuence du moral ſur le phy- » ſique de cet étonnant aſſemblage. Rap- » pelles-toi la maladie d'Antiochus & celle » de Perdiccas (*). Quand je développerois » à tes yeux, toutes les propriétés méde- » cinales des trois règnes, tu ne ſuſpendrois » pas l'effet des cauſes qui conduiſent » l'homme à la vieilleſſe, & qui préparent » lentement ſa deſtruction. Tout doit finir » à des époques plus ou moins éloignées

« (*) Antiochus, éperdument amoureux de Strato- » nice, ſeconde femme de Seleucus ſon pere, ayant » fait les plus grands efforts pour cacher cette paſſion » violente, tomba dans une langueur mortelle. Eraſiſ- » trate fut le ſeul médecin qui connut que l'amour » étoit la vraie cauſe de la maladie du prince.

» Hippocrate, appellé pour guérir Perdiccas, Roi » de Macédoine, découvrit également qu'il n'étoit pas » attaqué de conſomption, & que ſon mal avoit pour » cauſe l'amour dont il brûloit pour Hila, maîtreſſe de » ſon pere.

» de la naiſſance. Les chênes n'ont pas tous » la même vigueur ; les hommes ne naiſſant » pas avec une conſtitution également forte » & robuſte, le moment du ſacrifice ne peut » donc être le même. La mort en moiſſonne » au moins la moitié avant l'âge viril : cette » extinction prématurée, la ſuite des com- » binaiſons générales, te ſera injuſtement » imputée ; ceux dont tu prolongeras les » jours, me feront hommage de cette durée : » la mort des autres ſera ton ouvrage.

» Frémis, mon enfant, à la vue de ceux » qui entreront avec toi dans la même car- » rière, ſans avoir reçu les dons néceſſaires » pour la parcourir avec ſuccès. Leurs » erreurs réjailliront ſur toi ; tu partageras » le mépris qu'inſpirera leur conduite ; leurs » ordonnances ignorantes ſeront confondues » avec les tiennes, parce qu'ils auront, » comme toi, le nom de médecin. Su tu » guéris, on te dira que *tu ne peux recon- » noître que les cures que tu ne ſais pas.* La » cohorte des hypocondriaques, des gens à » maux de nerfs, la tourbe, encore plus » nombreuſe, des déſœuvrés, des libertins » & des gourmands, aboiera contre toi : » elle t'enveloppera dans l'anathême lancé, » dans tous les tems, ſur les médecins in- » dignes de ce nom : tu n'auras pas l'art » impoſſible de guérir ceux qui ſont ſourds » à ma voix, & on me fera parler ſans me » connoître, & on me fera dire que *les ani-*

» *maux paisibles*, & *soumis sous l'influence* » *de mes loix*, *abrègent tous leurs maux par* » *la patience*, & *prolongent leurs plaisirs par* » *la tempérance* (*). On oubliera qu'ils » agissent nécessairement, & que je n'ai pas » voulu courber l'homme sous le joug de la » nécessité.

» Si une épidémie se déclare, la mort » enlevera un grand nombre d'individus » avant que la nature du vice morbifique te » soit connue ; parce que tu ne peux t'assu- » rer, qu'avec le tems, des modifications » des causes générales, on dira que la mé- » decine est une *chimère*, *que les médecins* » *sont des charlatans*, *des assassins*, *des em-* » *poisonneurs*, *&c.*; que les *médicamens sont* » *des poisons*, *des poignards*, *&c.* & cepen- » dant ils sont, ainsi que la médecine, mon » ouvrage. La connoissance des épidémies » précédentes, & tes réflexions, te condui- » ront enfin à remédier à l'épidémie ré- » gnante ; tu en arrêteras les ravages, & on » sera ingrat, entouré de tes bienfaits.

» Les ennuis que je t'annonce, les cha- » grins que je te prédis, l'ingratitude déso- » lante que je mets en perspective devant » tes yeux, n'éteignent point, je le vois, » le feu divin qui te pousse invinciblement à » l'étude de la médecine : écoute, & n'ou- » blie jamais mes conseils.

(*) Doutes, *pag.* 20.

Hippocrate

» Hippocrate eſt le chef des médecins qui » ont cherché à connoître mes loix : nourris- » toi de ſes ouvrages & de ceux des ſavans, » qui l'ont pris pour maître : ouvrages an- » ciens & modernes, feuillette tout. L'or » eſt ſouvent caché dans le fumier. Tu ne » dois être ni phyſicien, ni chymiſte, ni » botaniſte par état ; mais tu dois être aſſez » verſé dans ces ſciences pour les faire con- » courir à tes vues : profite des nouvelles » découvertes ; réfléchis, combine, & com- » pare ; attends beaucoup de mes efforts ; » abandonne à mes loix les maladies légères : » le jeu des fluides & des ſolides, aidé » d'une diette ſalutaire, ſuffit ordinairement » pour les guérir. Laiſſe dire ces inſenſés, » qui permettent tous les alimens à ces » ſortes de malades ; c'eſt vouloir éteindre » un incendie avec les ſecours des huiles. On » meurt abandonné à mes loix générales ; » on meurt en les contrariant. Le relâche- » ment eſt-il trop grand ? augmente le ton » des ſolides ; la tenſion eſt-elle trop forte ? » relâche, examine la route que je veux » prendre, & ne me force pas de marcher » par une autre. Les maladies qui commen- » cent, ne paroiſſent pas toujours ce qu'elles » doivent devenir. Si tu doutes, attends » avec patience, n'agis pas ſans indication ; » l'erreur eſt ici de la plus grande impor- » tance ; tout eſt extrême ; point d'intermé- » diaires ; la vie ou la mort.

» Il eſt des maladies dont je n'ai pas ſou-
» mis la guériſon à ton pouvoir : accuſer
» alors la médecine d'impuiſſance, c'eſt
» m'outrager indirectement, en voulant
» publier ma puiſſance ; le nombre effroyable
» de maux répandus ſur la terre, ne ſont
» pas mon ouvrage. L'homme eſt fait pour
» agir & pour travailler. Le ſoleil, en ſe
» levant, dans ces climats, doit l'arracher
» des bras du repos ; en ſe couchant, il
» l'avertit de s'y livrer. Je n'avois pas deſ-
» tiné le genre humain à vivre empilé dans
» ces villes immenſes, où ſe réuniſſent les
» vices moraux & phyſiques, où l'athmoſ-
» phère eſt continuellement chargée des
» germes des maladies & de la deſtruction,
» où le luxe effréné des uns inſulte à l'af-
» freuſe miſère des autres, où le deſir de
» jouir renaît au moment deſtiné à l'étein-
» dre, où l'homme eſt vieux dans l'âge que
» j'avois marqué pour ſa force, & où enfin
» l'art morbifique de varier les alimens, fait
» paſſer dans l'eſtomac, en un ſeul repas,
» une ſomme de ſucs nourriſſiers qui n'au-
» roient dû y entrer qu'à la ſuite de plu-
» ſieurs jours.

» L'homme en ſociété a tout perverti ;
» il a changé le jour en nuit, & la nuit en
» jour ; il a multiplié ſes beſoins factices,
» & ne diſtingue plus ſes beſoins réels ; il
» a tourné contre lui ſa perfectibilité : le
» moral a énervé le phyſique ; l'amour

» même, ce présent de ma bienfaisance, cette » consolation, puissante dans les maux insé- » parables de l'existence, il l'a dénaturé » dans son principe ; il a trouvé le secret » monstrueux d'en éviter les suites ; en cou- » rant après un bonheur imaginaire, il a » manqué celui que j'avois placé à côté de » lui. Voilà, mon enfant, les sources & les » causes de cette légion de maladies réfrac- » taires à l'art de guérir : parce qu'elles sont, » non la suite de mes loix, mais la suite de » l'oubli de ces loix. S'il est des maladies insé- » parables de la nature humaine, il en est qui » sont son propre ouvrage. L'heureux habi- » tant des montagnes peu accessibles, le sau- » vage avec son maïs & son fruit à pain, » obéissent encore à mes impulsions ; une mé- » decine simple suffit à leurs besoins ; il faut une » médecine compliquée à l'homme civilisé : » ses maux ont presque toujours une cause » tortueuse dont le fil n'est pas facile à saisir.

» Rappelle-toi la marche des médecins » tes predécesseurs, dans des circonstances » pareilles ou au moins analogues à celles » dans lesquelles tu te trouves : en suivant » ainsi leurs traces, tu parcourras noble- » ment ta carrière, & tu exerceras, sans » remords, l'art le plus difficile de la » société. Les maladies qui échapperont à » tes soins, ne te laisseront d'autres regrets, » que ceux qui, dans une ame sensible, » sont une suite inévitable du spectacle de

» la douleur & de la mort. Laisse croasser » les détracteurs de la médecine ; la justice » est-elle une chimère, parce que des hom- » mes rendent des jugemens injustes? Les » médicamens que tu puiseras dans les trois » règnes, sont, il est vrai, mon ouvrage, » &, dans ce sens, on peut dire que je » guéris seule ; mais le choix des remèdes, » le moment de les donner, t'appartiennent ; » si tu ne peux rien sans moi, je ne fais pas » tout sans toi. Sans cesse occupée du main- » tien de mes loix générales, je ne descends » pas aux cas particuliers ; je travaille pour » la masse des individus, & j'abandonne l'in- » dividu aux chocs de tous mes agens.

« Evite, mon enfant, la médecine systê- » matique : ne te livre pas à des spéculations » spécieuses, subtiles & dangereuses : l'art a » des droits réels, & j'ai les miens, & tu ne » dois pas les confondre. N'oublie jamais que » le principe du mouvement différe du prin- » cipe du sentiment. Si je fais commencer la » vie par des convulsions étrangères à l'être » que je forme, je la fais finir par des convul- » sions dans l'individu que je veux détruire. » Ne cherche pas le pourquoi, ne cherche pas » à m'imiter : ce qui se passe aujourd'hui sous » tes yeux, doit être, pour toi, une leçon » effrayante & te préserver à jamais de la ma- » nie des systêmes. Vouloir guérir par des » mouvemens convulsifs, est un art terrible, » l'image de la destruction : l'ame perd alors

» son pouvoir sur le corps soumis à son em-
» pire, & l'homme dégradé dans ces momens
» funestes, descend du rang où je l'avois placé.
» La nature humaine est un atôme qui, pen-
» dant quelques années, se promène, s'agite
» & se tourmente sur l'atôme terrestre; &
» l'on veut que ce point fragile soit un petit
» monde, avec des pôles, des méridiens, des
» équateurs, & tout cet attirail qui n'est pas
» même réel dans l'univers. Il est sans doute,
» mon enfant, des centres de sensibilité dans
» la machine animale: par-là j'enchaîne tous
» les êtres vivans, je les précipite l'un vers
» l'autre & je perpétue mon ouvrage. En ré-
» veiller l'activité lorsque je les condamne à
» l'apathie, exciter des crises spasmodiques
» ou convulsives, vouloir rétablir l'équilibre
» dans l'économie animale en augmentant
» le trouble de la machine, est une pratique
» insensée, & la société doit signer le bil de
» sa proscription.

Dans le nombre des fausses opinions qui s'emparent quelquefois des têtes humaines, il en est qui paroissent & disparoissent, sans produire d'autres effets que d'exciter quelques guerres littéraires peu intéressantes pour le commun des hommes; mais celles qui ont eu pour base le merveilleux moral ou physique, ont toujours fait fermenter les esprits. L'enthousiasme qui annonce & promet des choses extraordinaires, qui veut persuader qu'on jouit du pouvoir de les exécuter, est presque toujours le précurſeur du fanatiſme ; la haine pour ceux qu'on ne peut ni ſéduire ni convaincre, ſe gliſſe inſenſiblement dans le cœur. Que d'exemples l'hiſtoire pourroit nous fournir pour juſtifier cette triſte conſéquence ! ne les cherchons point dans des tems reculés : notre ſiecle nous préſente deux époques ; celle des guériſons ſur la tombe de M. Paris, & celle des cures magnétiques.

Un habile médecin, eſcorté de remedes dégoûtans, avec un langage froid & ſouvent incertain, jette dans l'imagination d'un malade, des images lugubres : celui, au contraire, qui lui dit : Moi, je vous guérirai ſans médicamens, ma médecine eſt la médecine primitive, la ſeule qui ſoit avouée par la nature, doit ſubjuguer la multitude & ſur-tout les femmes qui, par la mobilité & l'irritabilité de leurs nerfs, ſe paſſionnent ſi facilement pour tout ce qui met en jeu leur imagination. On veut être témoin des merveilles annoncées, on voit des faits ſans en chercher la cauſe, ou plutôt on admet la cauſe dont on croit voir les effets, on s'inquiete peu ſi cette cauſe eſt morale ou phyſique, on s'étonne ſans réfléchir, on admire ſans examiner, on s'extaſie ſans ſavoir pourquoi, enfin l'enthouſiaſme eſt à ſon comble. Malheur aux ſavans philoſophes qui pèſent ces phénomènes à la balance de la raiſon, qui les comparent avec les loix de la nature, & qui, les voyant dans leur véritable jour, leur aſſignent la place qu'ils doivent occuper dans l'hiſtoire de l'eſprit humain. On les accablera de raiſonnemens ſans logique, de doutes affirmatifs ſans preuves, d'apoſtrophes virulentes & non méritées, d'exclamations modulées preſque ſur le même ton, d'obſervations déplacées, de phraſes où la vérité & la juſtice ſont bleſſées preſqu'à chaque ligne, & pour porter le ridicule à ſon comble, on fera lutter un meſmérien contre un docteur enfant, ſans armer ſa foible main de la fronde & du caillou qui auroit pu facilement terraſſer le nouveau Goliath.

Récapitulation

La théorie de la médecine magnétique a pour baſe deux chimères : une influence réciproqne entre tous les êtres, & un fluide univerſel qui nous la tranſmet. Pour déterminer l'action de ce prétendu fluide, on emploie l'attouchement & les frictions : deux moyens peut-être un peu trop négligés par la médecine moderne. Si les partiſans & les défenſeurs du magnétiſme animal euſſent voulu reconnoître le concours eſſentiel de l'imagination dans leurs traitemens ; s'ils nous euſſent dit que cette faculté intellectuelle, dirigée d'une maniere convenable par un médecin éclairé, pouvoit influer ſur quelques maladies; s'ils euſſent évité d'expliquer des phénomènes pour leſquels nous n'avons point de données, ils auroient été utiles au genre humain, en adaptant le moral & le phyſique à l'art de guérir. (*)

(*) Dans l'homme, le moral & le phyſique ſont dans une dépendance ſi étroite & ſi commune, qu'il eſt

Les planetes ne peuvent influer ſur nous, que par le fluide qu'elles nous renvoient, ou par l'effet de leur attraction. Les rayons lunaires étant ſans chaleur &, par conſéquent, ſans activité, ne peuvent occaſionner dans l'atmoſphère ni raréfaction, ni condenſation analogues à celles qu'un vent chaud ou vent froid produit quelquefois ſubitement. Réunis par la plus forte lentille, comme ils ne donnent aucun ſigne de chaleur ſenſible, quel peut donc être leur effet lorſqu'ils ſont éparpillés dans l'atmoſphère ? Une trop grande ſécheresse, ou une trop grande humidité, l'abondanceou la diminution de la matiere électrique, l'affluence de molécules étrangères & enfin toutes les cauſes qui peuvent faire varier la modification de l'air que nous reſpirons, ſont abſolument indépendantes de la planete la plus voiſine de nous. Quant à ſon pouvoir attractif, le ſoulevement de l'atmoſphere dans la zone torride, pourroit peut-être occaſionner des courans d'air, dans le moment que

---

bien étonnant que la médecine, qui a ſi bien obſervé les ravages que les paſſions de l'ame font ſur la machine, ne ſe ſoit pas occupée plus ſérieuſement à chercher dans cette ſource de deſtruction, quelques moyens de conſervation. Il eſt pourtant inconteſtable que tout changement qui, dans certaines circonſtances, eſt morbifique, peut, dans des circonſtances contraires, devenir ſalutaire. La branche des ſecours que la morale peut fournir à la thérapeutique, eſt preſqu'entiérement inconnue. *Mémoire de M. Vanlanne, note de la page 7.*

cette planete passe au méridien; & s'ils se faisoient sentir dans nos climats, il n'en résulteroit aucune influence proprement dite.

Le fluide mesmérien ne peut être ni le fluide solaire, ni l'éther, ni le phlogistique, ni le fluide principe de la chaleur visible ou invisible, ni la matiere électrique, ni celle de la transpiration insensible, ni le fluide cause des phénomènes de l'aimant, ni enfin le fluide nerveux. Ce dernier renfermé dans les nerfs des animaux sensibles, est vraisemblablement un fluide particulier, soumis à l'imagination, à la réminiscence & à des causes méchaniques qui peuvent l'agiter, l'ébranler, le diriger & le faire affluer dans une partie du corps plus abondamment que dans une autre mais les effets ne s'étendent pas au-delà des canaux qui le renferment. L'impression des objets extérieurs sur nous, suppose une cause interne & non l'émission des esprits animaux.

Quel pouvoir n'a pas sur nous, même à un certain éloignement, le regard de l'objet qu'on aime ou qu'on craint? le cœur d'un amant palpite à la vue d'une maîtresse adorée; une chaleur vivifiante se répand dans l'individu; un tremblement universel l'agite. Ces émotions réciproques, quoique moins prononcées dans un sexe que dans l'autre, dépendent-elles d'un double courant d'esprits animaux? la supposition seroit ridicule à quelques pieds d'éloignement. Le despote oriental le plus absolu, qui, d'un coup d'œil, fait trembler les esclaves qui l'entourent, devient un homme ordinaire, en laissant ignorer son rang & son nom. La vue d'une bouteille de vin de Champagne, qui, sur la fin d'un repas animé, redouble la gaieté des convives, ne feroit aucune impression sur l'homme sauvage. L'imagination est le principe des sensations agréables ou désagréables que nous éprouvons par le sens de la vue. Le besoin inquiet & pressant d'aimer dans notre jeunesse, le besoin toujours renaissant des alimens dans tous les âges de la vie, sont la suite d'une loi générale qui émeut l'imagination à la vue des objets destinés par la nature à calmer ces besoins. Les sensations particulieres supposent une réminiscence qui n'affecte l'ame qu'en renouvellant dans le cerveau des impressions antérieures : l'ame à son tour, par une loi inconnue, agite le principe de la sensibilité, & la sensation en est la suite nécessaire.

Les disciples de MM. Mesmer & Deslon, peu contens de soumettre la plupart des maladies à l'action de leur fluide, lui accordent encore le pouvoir d'exciter des crises, tantôt douces & tantôt convulsives, de rendre les filles somnambules, & de leur donner, dans cet état, des facultés surnaturelles. Il est assez difficile d'extraire de cet amalgame, les faits qui ont un principe moral, ceux qui sont la suite d'une cause physique, & ceux qui dépendent de l'action combinée de ces deux agens : les faits impossibles sont bientôt rejetés.

Pour juger ſi le magnétiſme exiſte, & s'il eſt utile, il n'eſt beſoin, dit M. Deſlon, d'être ni académicien ni médecin. Toutes les académies enſemble, tous les médecins ne perſuaderont pas un homme raiſonnable qu'il a éprouvé aucun effet, s'il n'a rien ſenti ; comme ils ne le convaincront pas qu'il n'a rien ſenti, lorſque ſes ſenſations l'aſſurent qu'il a éprouvé quelque choſe. *Supplément au Rapport*, *page* 1 & 2. Ces principes ſont vrais, mais ils ſont étrangers au but de M. Deſlon. Il n'eſt pas queſtion de prouver à quelqu'un qu'il n'a pas les ſenſations qu'il éprouve : MM. les commiſſaires n'ont jamais eu ces extravagantes prétentions. Il faut prononcer ſur la cauſe des cures magnétiques, exclure celles qu'on leur aſſigne, diſtinguer quand elle eſt phyſique ou morale, quand elle agit en raiſon compoſée de ces deux agens ; aſſigner les limites de ces deux forces, ne pas trop leur accorder d'activité, & fixer enfin les bornes de leur département.

L'enſemble des cures magnétiques n'eſt impoſant qu'au premier coup-d'œil : que de réflexions fait naître la longue énumération des malades guéris chez M. Deſlon ! Il les diviſe en quatre claſſes : les enfans, ceux qui ont guéri ſans avoir éprouvé aucun effet ſenſible du magnétiſme, ceux qui en ont éprouvé des effets, & les malades à grandes criſes ou convulſions. Ces derniers, au nombre de onze, ſont des perſonnes du ſexe. Le fluide magnétique n'exiſte pas : qu'eſt-ce qui a donc guéri les cinquante-quatre malades qui ont été inſenſibles pendant le traitement ? les remèdes ſans doute qu'ils ont pris, ou le régime qu'ils ont gardé. Sur le grand nombre de malades ſoulagés ou guéris, très-peu ont atteſté qu'ils n'avoient fait uſage d'aucun remède. Dix ou douxe ont pris de la crême de tartre : quelques-uns, de la magnéſie, du petit-lait ; quelques autres, des bains, des lavemens avec le vinaigre ; & M. Gueffier, dans une fluxion de poitrine, avec fièvre putride, a bu de la limonade & du ſirop de groſeille. En liſant avec attention, les détails de toutes ces guériſons ou ſoulagemens, on eſt frappé, malgré ſoi, du peu de ſolidité des conſéquences qu'on en tire. J'ai déjà remarqué que les cures opérées au tombeau du diacre Pâris, n'étoient ni moins nombreuſes ni moins authentiques. On n'a jamais pu ni les refuter parfaitement, dit M. Hume, ni en décéler l'impoſture. Il faut néceſſairement recourir à l'imagination fortement ébranlée, pour expliquer toutes ces merveilles. La puiſſance divine ne s'eſt pas manifeſtée dans les unes ; l'action d'un fluide ſuppoſé a été nulle dans les autres.

Le ſomnambuliſme magnétique ne prouve pas mieux que les cures, un agent phyſique : aucun homme connu n'a eſſuyé cette eſpece de crise : on présente de jeunes personnes, & le plus souvent des filles du peuple, accoutumées à devenir somnambules. Les phenomènes dont on nous parle, seroient-ils toujours réels, ce qui n'est pas facile à distinguer, l'action morale suffiroit pour les expliquer : mais dans quel rang faut-il placer les facultés surnaturelles de quelques-unes de ces somnambules ? « Les faits cités seroient » une infraction des loix de la nature ; » aucun témoignage humain ne peut les » prouver ; & un passage de M. Hume fera » ma réponse. Si l'expérience seule donne » du poids au témoignage des hommes, » c'est encore l'expérience qui nous fait » connoître les loix de la nature. Lorsque » ces deux expériences se trouvent en con» flict, il n'y a qu'à soustraire l'une de l'autre, » & embrasser l'opinion victorieuse qui » résulte du reste ; le résultat de cette sous» traction, par rapport à ces dons naturels, » devient zéro. C'est la solution naturelle » de tous ces contes célebres pendant » quelque tems, & qui tombent ensuite dans » l'oubli. On rend raison de ces nouvelles » volontés par les principes connus & natu» rels de la crédulité & de l'illusion. C'est » juger conformément à l'observation & à » une expérience régulière ; enfin, pourquoi, » lorsque nous pouvons recourir à une solu» tion naturelle, irions-nous chercher un ren» versement des loix de la nature, les plus

» connues & les plus naturelles ? » *Essais philosophiques*, *tome III.*

Le départ fait de toutes ces chimères, il reste l'imagination, les frictions, c'est-à-dire une espèce de médecine expectante, souvent fatale dans un grand nombre de maladies. « S'il est dangereux, dit M. Voulonne, de donner à l'art un moment qui » appartient à la nature, il n'est pas moins » dangereux d'abandonner à la nature un » moment qui est fait pour l'art. » Heureux le médecin qui sait saisir l'instant où la nature est impuissante, & l'instant où l'art doit voler à son secours.

Les erreurs ont quelquefois un aussi long cours que les opinions les plus véritables; parce qu'en prenant ces erreurs pour des vérités, on embrasse aveuglément tout ce qui les entretient, & l'on rejette, ou l'on néglige, tout ce qui pourroit les détruire.

MAXIME M. L. D. L. R.

RÉFEXIONS

Sur les considérations du Magnétisme animal.

L'AUTEUR de cet Ouvrage, M. Bergasse, nous dit *page* 13, que les brochures publiées contre le magnétisme animal, ont été toutes dictées par l'ignorance & la haine. Après nous avoir assuré, *page* 13, que le magnétisme soulage & guérit, il ajoute que » toute guérison, opérée par cet agent, est une preuve » physique de cette théorie, que les guérisons ont été » tentées; & quoiqu'aient pu faire, pour empêcher » qu'elles fussent remarquées, des hommes qu'il faudra » bien vouer un jour à l'exécration de tous les siècles » & au mépris vengeur de la postérité, il n'est plus » permis d'ignorer l'intéressant résultat de ces expé- » riences. » On est surpris de trouver dans cet ouvrage de pareilles expressions. Eh! de quoi s'agit-il? de la théorie de M. Mesmer. Quelles preuves en donne M. Bergasse? elle sont encore à l'ombre du mystère. *Il seroit imprudent de les publier avant qu'on ait reconnu l'existence de la découverte qui lui sert de base.* Je suis forcé, dit M. Bergasse, de choisir entre les idées qui s'offrent à mon esprit, celles-là seulement sur lesquelles le silence ne m'est pas ordonné, *pag.* 37.

La gravitation existe; mais cette action s'exerce au moyen d'un fluide, & ce fluide existe: car il est impossible de concevoir, à des distances très-éloignées, ou même très-voisines, l'action d'un corps sur un autre, dans un espace qui seroit absolument vide. Comment un corps pourroit-il en mouvoir un autre sans le toucher, ou immédiatement par lui-même, ou immédiatement par le secours d'un milieu ou d'un fluide interposé. Telle est la preuve victorieuse du fluide universel & la base des considérations. L'homme qui diroit: la terre ne tourne pas autour du soleil, car je vois marcher le soleil, raisonneroit à-peu-près de la même maniere. Les corps célestes sont soumis à deux forces, la force de projection & la force cenrale ; s'il faut un fluide pour cette dernière, il en faut un second pour la première. On trouvera, dans ma réponse *aux Réflexions impartiales*, les preuves physiques de la non-existence de ce fluide considéré comme intermède de la gravitation.

Le vide, c'est-à-dire le néant, c'est-à-dire, ce qui n'existe pas, pourroit-il transmettre un mouvement.

On résout en deux lignes le célébre problême du plein & du vide. Le vide seroit un espace destitué de toute matière : il est absolu ou disséminé. Tous les phénomènes s'expliquent mieux, dit M. d'Alembert, dans le systême du vide disseminé, que dans celui du plein.

On reproche à M. Bailli d'avoir décrit avec pompe le phénomene de l'imitation, & la pompe n'apprend rien. Quelle vérité nous enseigne M. Bergasse dans la note poétique & pompeuse de la page 67 ? Que nous apprend-il sur les mœurs & sur l'éducation? Que nous apprend-il sur les beaux arts, *page* 94. Le lecteur peut consulter le *Traité du beau* du pere André, l'*Essai sur le goût*, de M. Montesquieu, & *les beaux arts réduits à un même principe*, par M. Lebatteux.

Il est question de l'imagination, *page* 121 : pour juger cette nouvelle métaphysique, jetez les yeux sur les ouvrages du pere Mallebranche, de Loke & de l'abbé de Condillac. Quant au pouvoir de cette faculté intellectuelle pour guérir, le parallele des cures magnétiques & des cures opérées par l'intercession de M. Pâris, par celles de Gasner, & du toucheur de Paris, sont les preuves du pouvoir de l'imagination pour modifier les aveugles, les sourds, &c.

Après les considérations, on trouve des pensées sur le mouvement. Dans le numéro trois, on nous dit qu'il est impossible d'imaginer comment le mouvement se détruit. Les Cartesiens ont soutenu que la quantité de mouvement étoit toujours la même : il est démontré que, dans le choc des corps à ressort, la quantité du mouvement augmente quelquefois, & quelquefois diminue. *Voyez* le mot PERCUSSION de l'Encyclopédie.

FIN.

www.ingramcontent.com/pod-product-compliance
Ingram Content Group UK Ltd.
Pitfield, Milton Keynes, MK11 3LW, UK
UKHW021145260726
13994UKWH00001B/300